그림으로 보는 세계지리

⊙사진 제공
CC BY-SA
62쪽-메카(Richard Mortel, https://commons.wikimedia.org/w/index.php?curid=98495422), 99쪽-파르테논(Kristoffer Trolle, https://commons.wikimedia.org/w/index.php?curid=73915806), 150쪽-굴절 버스(Rafael Delazari, https://commons.wikimedia.org/w/index.php?curid=75615680)

그림으로 보는 세계 지리

초판 1쇄 발행 2025년 7월 15일

글 윤슬 | **그림** 홍연시

발행인 오형석
편집장 이미현 | **편집** 정은혜 | **디자인** 이희승
발행처 (주)계림북스
신고번호 제2012-000204호 | **등록일자** 2000년 5월 22일
주소 서울시 마포구 창전로 74 여촌빌딩 3층
대표전화 (02)7079-900 | **팩스** (02)7079-956
도서문의 (02)7079-913
홈페이지 www.kyelimbook.com

ISBN 978-89-533-3580-6 74900 | 978-89-533-3576-9(세트)

교과서 속
지리와 문화유산

그림으로 보는 세계 지리

글 유슬 | 그림 홍연시

계림북스
kyelimbooks

들어가는 말

세계를 알기 위한 첫걸음, 지리

어릴 때부터 세계 여러 나라를 여행하고 싶었어요. 〈어린 왕자〉에 나오는 바오바브나무가 있는 아프리카 마다가스카르에 가 보고 싶었죠. 화산 활동으로 펼쳐지는 경이로운 풍경을 만날 수 있는 아이슬란드에도 가 보고 싶었어요.

세계 여러 나라를 여행하기 위한 첫걸음이 바로 지리 공부예요. 세계 지리 공부는 세계 여러 지역의 지리적 특징을 알아보는 것이에요. 각각의 독특한 지리적 환경 속에서 일궈 낸 산업과 문화 그리고 사람들의 살아온 이야기를 만나는 것이지요.

세계 지도 위에 펼쳐진 다양한 지역에서 살아가는 사람들의 이야기를 만나는 일은 정말 특별해요. 세상을 보는 눈도 넓혀 주지요. 기후 변화와 그로 인한 영향을 살펴보며 자연과 인간이 함께 공존하기 위해 어떻게 해야 하는지도 생각해 볼 수 있어요.

〈그림으로 보는 세계 지리〉를 읽으며 나만의 특별한 세계 여행을 꿈꾸길 바라요. 그리고 세계 곳곳에서 살아가는 사람들의 다채로운 삶을 경험하며 생각하는 힘을 기를 수 있길 바랍니다.

윤슬

차례

세계로 떠나는 여행

가장 넓은 대륙 아시아

하나의 국가와 같은 유럽

서로 다른 색깔의 대륙 아메리카

아프리카 그리고 오세아니아, 북극과 남극

여러분은 세계 여러 지역을 여행하는 꿈을 꿔 본 적이 있나요? 우리가 살고 있는 세계가 얼마나 다양한 모습인지에 대해서 생각해 본 적은요? 높은 산, 넓은 들판, 끝없이 펼쳐진 사막, 그리고 강과 바다……. 그곳에는 갖가지 지형만큼이나 다양한 사람들이 살아가고 있어요. 지금부터 세계의 다채로운 모습과 사람들을 만나러 출발해 볼까요?

세계로 떠나는 여행

궁금해요! 세계의 여러 지역

세계를 이루는 땅과 바다

'오대양 육대륙'이란 말을 들어 본 적 있나요? 세계가 5개의 큰 바다와 6개의 큰 땅덩이로 이루어졌다는 뜻이에요. 5개의 큰 바다는 아시아와 아메리카 사이에 있는 태평양, 인도 아래의 인도양, 유럽과 아메리카 사이에 있는 대서양, 그리고 북극해와 남극해가 있어요. 6개의 대륙은 아시아, 유럽, 아프리카, 오세아니아, 북아메리카, 남아메리카예요.

지구는 크게 북반구와 남반구로 나뉘어요. 지구의 중심을 가로로 지나는 선을 '적도'라고 하는데 이 적도를 기준으로 북쪽이 '북반구', 남쪽이 '남반구'예요. 북반구에는 아시아, 유럽, 북아메리카 대륙이 있어요. 남반구에는 오세아니아와 아프리카, 남아메리카 대륙 일부가 있고요. 북반구는 남반구에 비해 육지가 많고, 많은 사람이 살지요. 북반구와 남반구는 계절이 서로 반대로 나타나요.

지구본과 세계 지도

세계의 모습을 쉽게 살펴볼 수 있는 것이 바로 지구본과 세계 지도예요. 그런데 지구본과 세계 지도는 각각 다른 점이 있어요. 지구본은 지구의 실제 모습과 비슷해요. 대륙의 크기나 위치, 거리 등이 정확한 편이지요. 하지만 동그란 모양이라 세계를 한눈에 볼 수는 없어요. 이에 비해 세계 지도는 둥근 지구를 평면에 나타내어 한눈에 살펴볼 수 있지요. 하지만 대륙 크기나 모양, 거리가 실제 모습과 다른 부분이 생기지요.

대륙이나 나라의 위치는 '위도'와 '경도'를 써서 나타내요. 위도는 적도를 중심으로 하여 남북으로 가로를 나눈 선이에요. 적도를 0도라고 하고, 남북으로 각각 90도씩 나누지요. 경도는 지구를 세로로 나눈 선이에요. 기준선은 영국의 그리니치 천문대를 지나는 선인데, 이를 '본초 자오선'이라고 해요. 이 선이 바로 경도 0도로 세계 시간의 기준이 되지요. 이 선을 기준으로 동쪽으로 180도, 서쪽으로 180도로 나뉘어요. 지구 둘레 360도를 24시간으로 나누어 놓았고, 15도마다 1시간씩 차이 나요.

세계의 땅 모양을 살펴보아요

지구는 땅 모양이 다양해요. 험하고 높은 산맥도 있고 넓은 평야도 있어요. 그리고 이런 산맥과 평야를 가로질러 흐르는 크고 작은 하천도 있어요. 나무와 풀 한 포기 자라지 않는 드넓은 사막, 용암이 펄펄 끓는 화산, 숲이 울창한 밀림, 꽁꽁 언 빙하로 뒤덮인 지역, 호수와 바다 그리고 섬도 있지요. 사람들은 이렇게 다양한 곳에서 살고 있어요.

사람들은 대부분 큰 강이 있는 평야 지역에 모여 살아요. 산이 험준한 지역이나 사막 지역에는 사람이 많이 살지 않지요. 추운 북극이나 남극도 마찬가지고요. 사람들은 오랜 옛날부터 물과 먹을 것을 쉽게 구할 수 있는 큰 강 주변에 모여 살았어요. 그러면서 그 주변으로 도시가 발달하고 문명이 싹트기도 했지요. 배가 드나들기 좋은 해안가 도시들도 무역을 통해 큰 도시로 발전했어요.

다양한 기후가 나타나요

세계 여러 지역에는 다양한 기후가 나타나요. 적도 부근이 가장 덥고 극지방으로 갈수록 추워지지요. 그 사이에 열대, 온대, 냉대, 한대 등의 기후가 나타나요. 또 강수량에 따라 사막이나 숲이 만들어지기도 해요. 기후에 따라 사는 식물과 동물도 다르고, 사람들의 생활 모습도 달라요. 세계 여러 지역에 나타나는 다양한 기후를 살펴볼까요?

고산 기후
높은 산이 있는 지역에 나타나는 기후예요. 높이 올라갈수록 선선해져 늘 봄과 같은 기온이 유지되지요. 남아메리카의 안데스 산지 지역에는 높은 산에 도시가 발달해 있어요.
냉대 기후
한대 기후에 비해서는 기온이 높은 편이지만 겨울이 길고 기온이 낮아 춥지요. 러시아와 북부 유럽, 캐나다 북부 지역에 나타나는 기후예요. 잎이 뾰족한 침엽수림이 잘 자라지요.
한대 기후
일 년 내내 춥고, 눈과 얼음으로 덮여 있는 기간이 길지요. 주로 북극과 남극 지방에서 나타나요. 너무 추워 식물이 자랄 수도 없어요. 하루 종일 해가 지지 않는 백야 현상이 나타나기도 해요.

세계 지리 배움터

세계를 담은 지도 여행

사람들은 언제부터 지도를 그렸을까요? 정확하지는 않지만 다양한 지도가 만들어지기 시작한 때는 나침반이 발명되고 배를 타고 이곳저곳을 항해하던 시기였어요. 시기별 세계 지도와 우리나라에 영향을 준 지도를 살펴보아요.

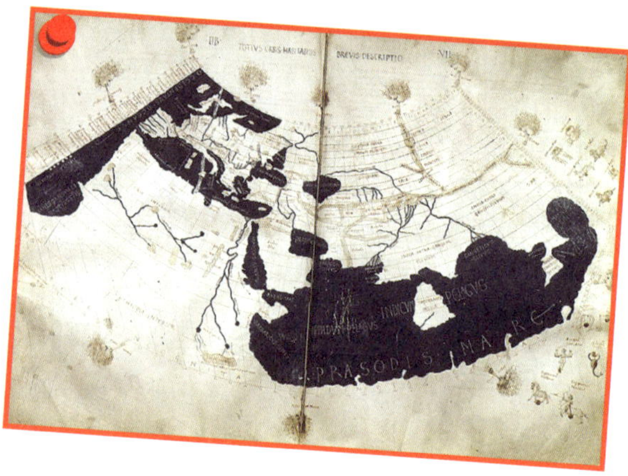

프톨레마이오스의 세계 지도

그리스 지리학자인 프톨레마이오스가 그리스·로마 지역을 중심으로 그린 세계 지도예요. 위도와 경도가 구분되어 있지요. 근대 지도의 기초가 된다고 볼 수 있어요.

티오(TO) 지도

지도 가운데에 예루살렘이 표시되어 있어요. 크리스트교를 중요하게 여긴 중세 유럽의 세계관이 반영된 지도예요.

메르카토르의 세계 지도

네덜란드 지리학자인 메르카토르가 만든 지도예요. 근대에 새로운 뱃길을 개척하기 위한 항해가 시작되면서 만들어진 지도 중 하나로, 세계 지도의 틀이 되었어요. 경선과 위선이 수직으로 만나며 동서남북 방위가 정확해요.

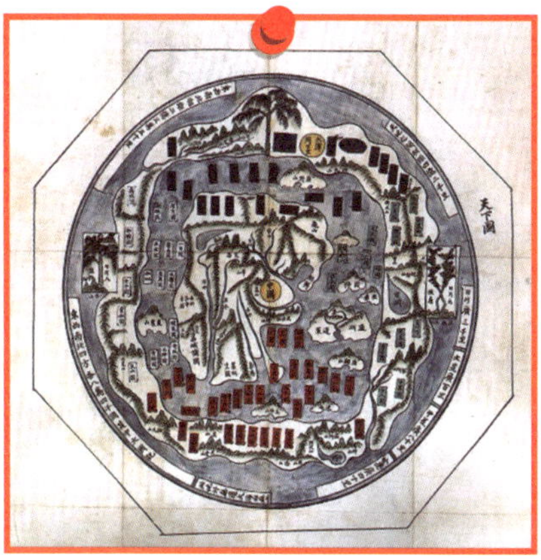

천하도

조선 중기 이후 민간에 사용된 지도로 누가 만들었는지는 몰라요. 지도 중심에 중국이 그려져 있어 조선 사람들이 중국을 세계의 중심으로 생각했음을 엿볼 수 있지요.

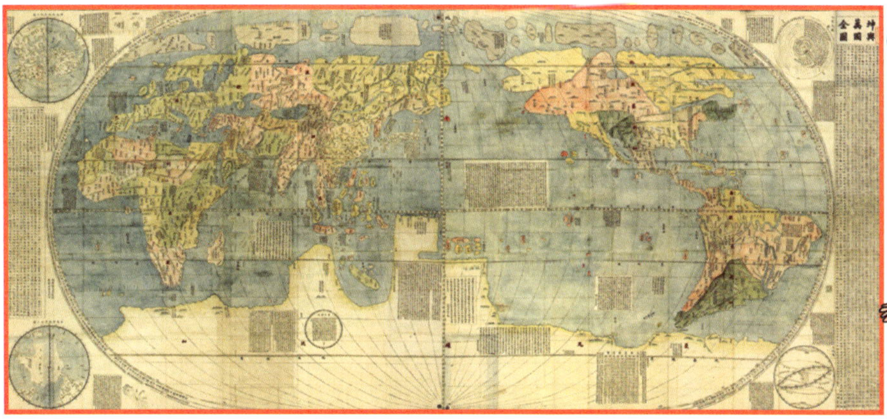

곤여 만국 전도

이탈리아 선교사 마테오 리치가 중국 명나라 학자와 함께 만든 지도로 우리나라에 전래된 최초의 세계 지도라 볼 수 있어요.
이 지도를 통해 조선 사람들은 중국이 세계의 중심이 아님을 알게 되었고, 생각에 많은 변화가 생겼지요.

세계 지리 놀이터

지구는 크게 북반구와 남반구로 나뉘어요. 북반구에는 아시아, 유럽, 북아메리카가 있어요. 남반구에는 오세아니아와 아프리카, 남아메리카 일부가 있고요. 각 대륙에 속한 나라 이름을 생각나는 대로 적어 보아요.

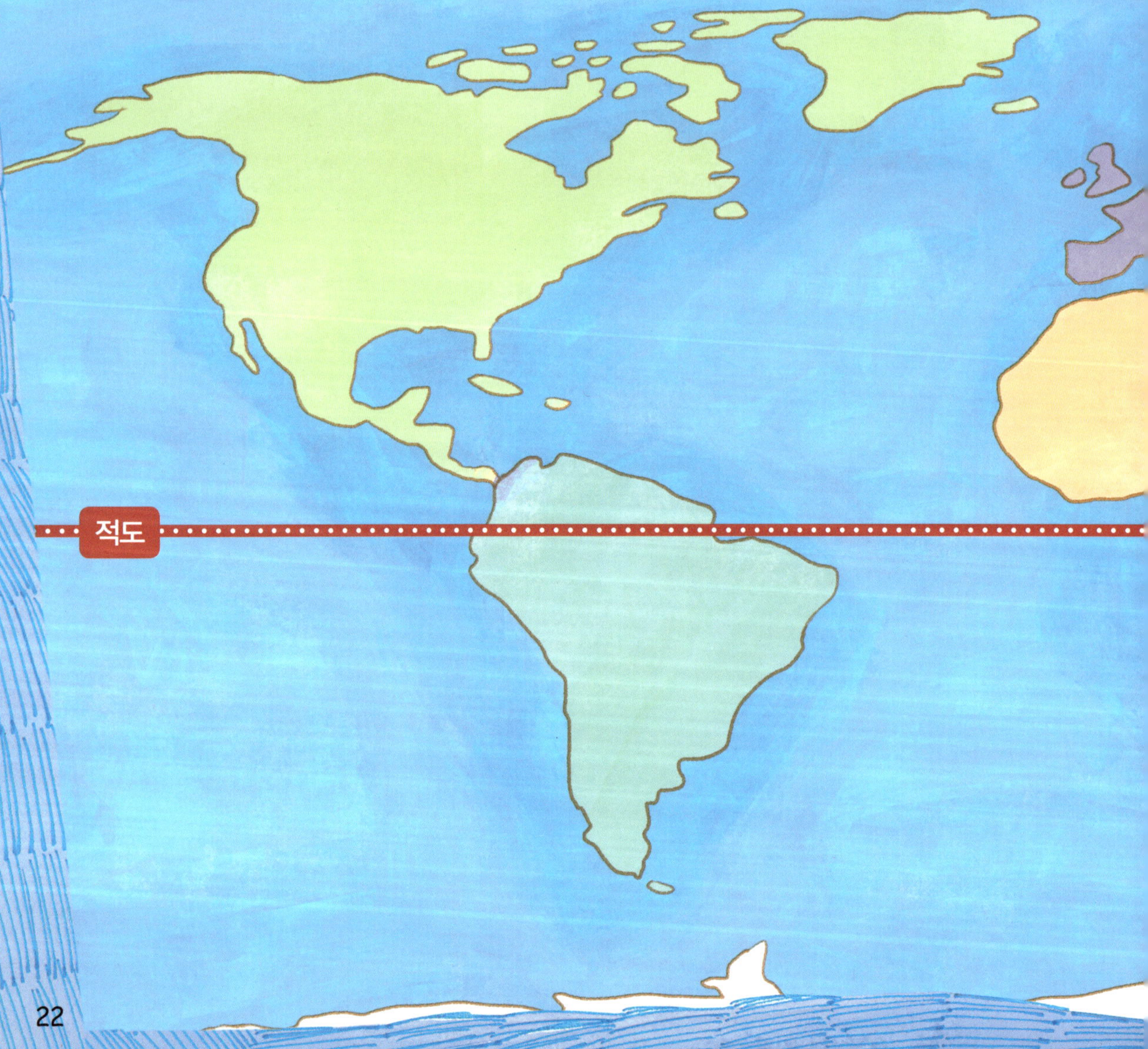

여긴 1년 내내
얼음으로
덮여 있어.

우리가 처음으로 여행할 대륙은 우리나라가 속해 있는 아시아예요. 세계에서 가장 큰 대륙으로 세계 인구의 약 60퍼센트가 살아요. 아시아 대륙에 있는 큰 강 주변에서 가장 먼저 문명이 생기기 시작했지요. 불교를 비롯한 세계의 종교가 생겨나기도 했어요. 우리나라가 속한 아시아 대륙! 그 흥미진진한 여행을 시작해 볼까요?

가장 넓은 대륙
아시아

궁금해요! 아시아 대륙

뚜벅뚜벅 아시아를 둘러보아요

아시아 대륙의 북쪽은 북극해, 동쪽은 태평양, 남쪽은 인도양과 접해 있어요. 서쪽은 유럽 대륙과 아프리카 대륙이 맞닿아 있고요.

아시아 대륙은 크게 동아시아, 중앙아시아, 동남아시아, 남아시아, 서남아시아 등으로 구분할 수 있어요. 지도를 보며 아시아를 둘러볼까요? 아시아 대륙 중앙에는 넓은 사막이 펼쳐져 있어요. 남쪽에는 세계에서 가장 높은 히말라야산맥이 있고요. 황허강, 인더스강, 티그리스강과 유프라테스강 등 인류의 문명을 일으킨 큰 강들이 흐르지요.

문명이 탄생하고 종교가 생겨났어요

아시아에서 세계 주요 문명이 탄생했다는 이야기 기억나지요? 중국에서는 중국 문명, 인도에서 인도 문명, 서남아시아에서 메소포타미아 문명이 생겨났지요. 사람들은 큰 강 주변에 모여 살며 도시를 세우고, 청동기 문명을 발전시켰어요. 아시아는 그 어느 지역보다 문명이 발달한 곳이었음을 짐작할 수 있지요. 또 불교, 힌두교, 크리스트교, 이슬람교가 생겨나기도 했어요.

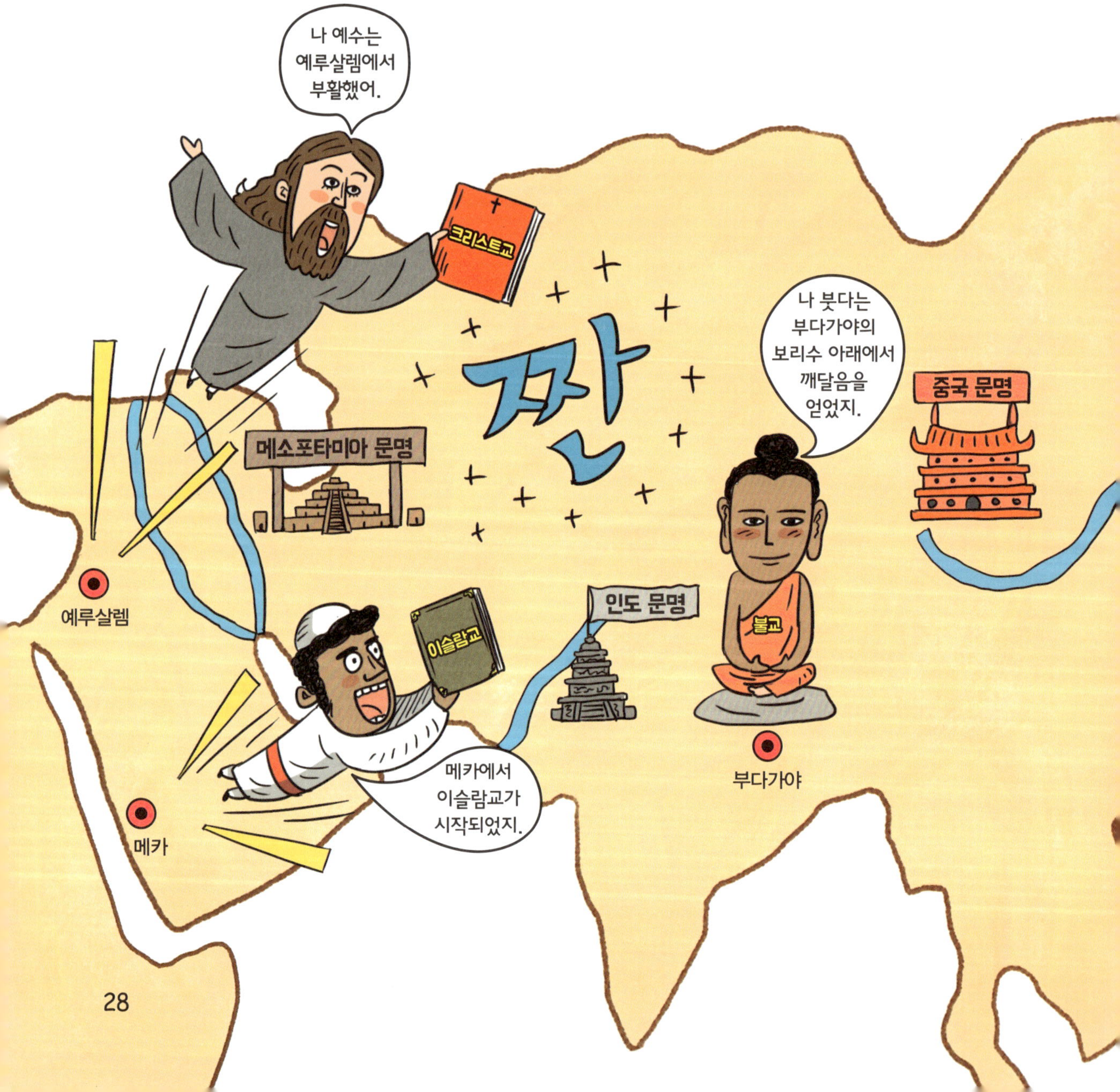

땅이 넓은 만큼 기후도 다양해요

아시아는 땅이 넓은 만큼 다양한 기후가 나타나요. 베트남이 있는 동남아시아는 덥고 비가 많이 내리는데, 이 같은 기후를 열대 기후라고 해요. 일본, 중국, 한국 등 동아시아 지역은 사계절이 있고 날씨가 온화한 편인데, 이를 온대 기후라고 해요. 사우디아라비아가 있는 서남아시아와 사막 지역에는 비가 적게 내리는 건조 기후가 나타나고, 북쪽의 시베리아 지역은 추운 냉대 기후가 나타나지요.

비슷한 문화를 가진 동아시아

서로 영향을 주고받은 한국, 중국, 일본

동아시아는 아시아 대륙의 동쪽 지역을 말해요. 중국, 몽골, 한국, 일본이 속해 있지요. 그중 중국, 한국, 일본 세 나라는 옛날부터 서로 영향을 주고받으며 살아왔어요. 중국을 통해 한국과 일본에 불교가 전해졌고, 충과 효를 강조하는 유교 문화가 널리 퍼졌지요. 또한 중국 문자인 한자를 사용하는 한자 문화권에 속해 있어요.

세 나라가 젓가락을 쓰는 것도 공통점이지요. 하지만 젓가락 모양이 조금씩 달라요. 여럿이 둘러앉아 음식을 먹는 중국은 긴 젓가락을 써요. 기름진 음식을 놓치지 않도록 끝이 뾰족하지 않고 뭉뚝하고요. 일본 사람들은 주로 생선 가시를 발라 먹을 일이 많다 보니, 젓가락이 짧고 끝이 뾰족해요. 한국은 유일하게 금속 젓가락을 쓰는데, 예전에 왕가에서 독이 들었는지 알아보기 위해 은수저를 썼다는 데에서 유래했다고도 해요.

넓은 땅에 다양한 지형이 나타나는 중국

중국은 한국과 이웃한 나라로, 땅 넓이가 한반도의 약 44배나 돼요. 너무 넓어 지역에 따라 명절에 고향에 가려면 몇 날 며칠이 걸리기도 해요. 인구도 14억이 넘는데, 인도 다음으로 많아요. 넓은 만큼 지형도 다양해요. 서쪽은 산이 많고 동쪽은 넓고 평탄한 평원이 펼쳐져 있어요. 넓은 사막도 있고요. 수도인 베이징과 상하이 등 주요 도시들도 대부분 동쪽에 있어요.

땅이 넓다 보니 열대 기후부터 냉대 기후까지 다양한 기후가 나타나요. 북쪽은 냉대 기후가, 우리나라와 비슷한 위도에 있는 지역은 온대 기후가 나타나지요. 남쪽 지역은 일 년 내내 더운 열대 기후고요. 겨울에 중국 남쪽 지역을 여행할 때는 반팔옷을 꼭 챙겨야 한다는 사실을 잊으면 안 돼요.

네 개의 섬으로 이루어진 일본

일본은 4개의 큰 섬과 수많은 작은 섬으로 이루어진 섬나라예요. 그러다 보니 바다의 영향을 많이 받아 습도가 높고, 여름에는 태풍 피해를 입기도 해요. 북부 지역에는 겨울에 많은 눈이 내려 새하얀 눈의 나라로 변하지요. 일본 땅의 70퍼센트 이상이 산지여서 평야가 적은 편이에요.

후지산을 비롯해 화산이 많아 곳곳에 온천이 발달해 많은 외국 관광객이 찾아와요. 하지만 잦은 화산 폭발과 지진으로 두려움에 떨기도 하지요. 지진으로 건물과 도로가 무너지고, 수많은 사람이 다치고 죽기도 해요. 2011년, 도호쿠 지방 앞바다에서 대지진과 해일이 일어나 원자력 발전소가 파손되면서 방사능이 흘러나왔어요. 지금까지도 일본과 주변 나라에 큰 문제이지요. 일본에는 지진이 왜 이렇게 자주 일어날까요? 일본 땅이 환태평양 조산대에 위치해 있기 때문이에요. 환태평양 조산대는 지구 전체에서 발생하는 지진의 약 90퍼센트가 일어나는 곳으로 태평양, 필리핀, 유라시아, 북아메리카 4개의 판이 만나요.

아시아 대륙의 중앙부, 중앙아시아

중계 무역이 활발히 이루어졌어요

중앙아시아는 아시아 대륙의 중앙에 위치하고 있는 지역으로 카자흐스탄, 키르기스스탄, 타지키스탄, 투르크메니스탄, 우즈베키스탄 등이 여기에 속해요. 높은 고개와 험준한 산맥, 카라쿰 사막 등 넓은 사막과 초원이 펼쳐지는 등 다양한 지형이 나타나지요.

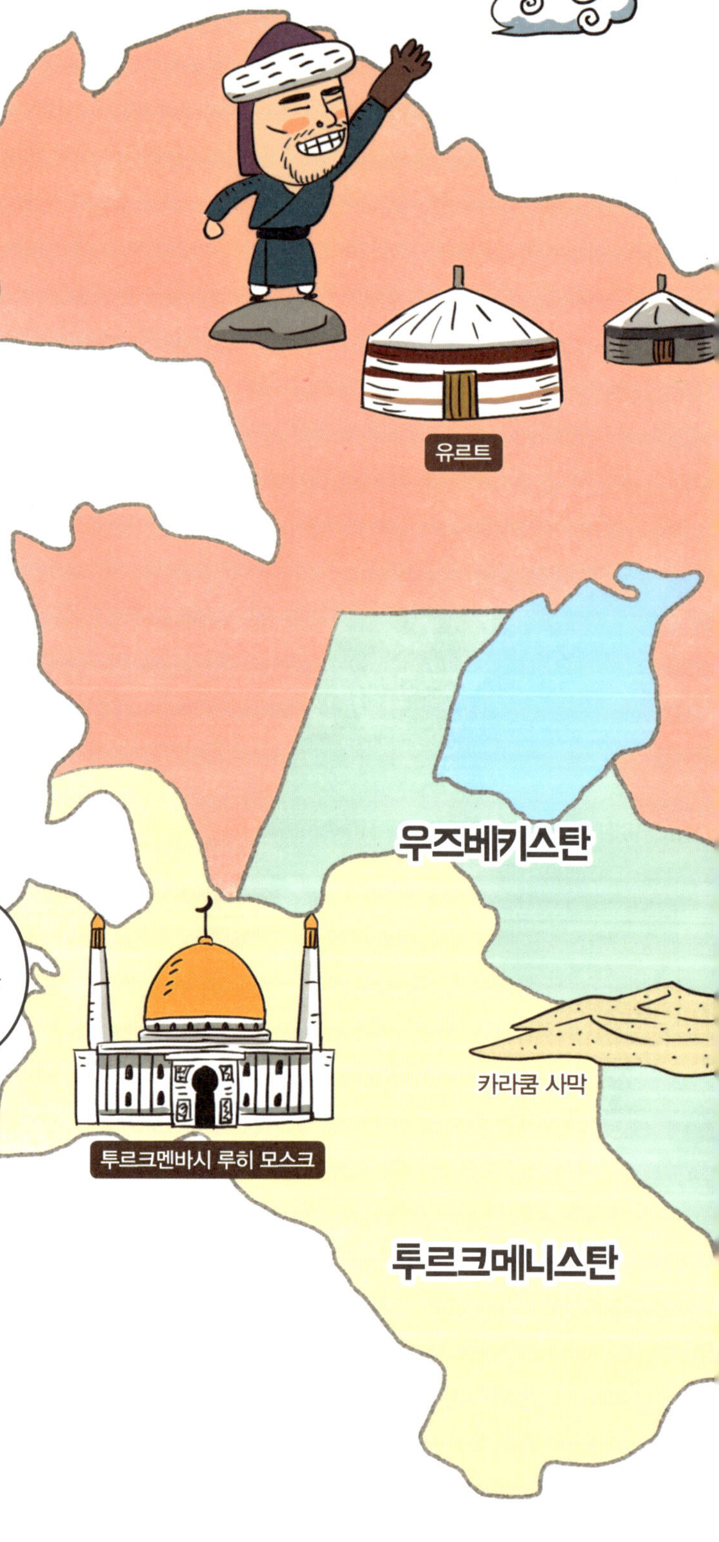

중앙아시아는 유럽과 아시아 대륙 사이에 위치하고 있어 오랜 옛날부터 사람, 물자 그리고 문화의 이동로 역할을 해 왔어요. 그러다 보니 불교, 이슬람교 등 다양한 종교가 들어오고 다양한 문화가 어우러지게 되었지요.

아시아와 유럽을 잇는 비단길

비단길이라고 들어 본 적 있나요? 6,400여 킬로미터에 이르는 길로 중국에서 지중해까지 연결되었어요. 옛날에 중국과 중앙아시아, 서아시아, 인도 등 여러 나라 상인들이 오가던 길이에요. 이 길을 통해 중국의 비단이 유럽으로 전해져 비단길(실크 로드)이라고 불렸지요. 비단길을 통해 거래된 무역품 중 비단이 가장 유명했거든요.

16세기에 이르러 배를 통해 무역 항로를 개척하기 이전까지 비단길은 아시아와 유럽을 잇는 주요한 무역로였어요. 비단길을 따라 중국의 비단, 화약, 나침판, 종이 만드는 기술 등이 유럽에 전해지고 기린, 사자, 호두, 후추, 깨, 유리 만드는 기술이 중국에 전해졌어요.

비단길
아랄해
고비 사막
베이징
사마르칸트
타클라마칸 사막
안시
상하이
중국
델리
인도
비단길 덕분에 무역이 활발해졌지.
난 중국에 후추랑 깨를 팔러 가.
난 서역에 비단 팔러 가.

티무르 제국의 흔적이 남아 있는 우즈베키스탄

우즈베키스탄은 중앙아시아 중부에 있는 나라로 아랄해라는 큰 호수가 있어요. 세계적인 목화 생산국으로 천연가스와 금은 등 지하자원이 풍부한 나라예요. 또 티무르 제국의 흔적을 볼 수 있는 곳이지요. 티무르 제국은 중앙아시아를 평정한 티무르가 스스로 칭기즈 칸의 후예라고 하면서 세웠어요. 그는 몽골 제국의 영광을 부활시키겠다고 했지요.

티무르는 사마르칸트 지역을 중심으로 주변 지역을 정복했어요. 사마르칸트는 비단길의 핵심 지역으로, 예부터 동서 무역의 중심지로 번성했지요. 지금도 비단길의 흔적이 많이 남아 있어요. 광물 자원이 풍부하며 특히 우즈베키스탄의 수도 타슈켄트는 목화로 유명해요.

세계의 강 이야기

강은 인류에게 젖줄과도 같아요. 사람들이 먹고살 물, 농사지을 물, 공장에서 사용할 물 등을 대 주거든요. 그뿐 아니에요. 강줄기에 배를 띄워 물자와 사람을 쉽게 운반할 수 있지요. 그래서 예로부터 사람들은 강 주변에 모여 살았어요. 강 주변의 땅이 기름져 농사짓고 살기 안성맞춤이었거든요.

세계 주요 도시들도 모두 강을 끼고 있는 경우가 많아요. 한국의 수도 서울은 한강, 영국 런던은 템스강, 프랑스 수도 파리는 센강 등 말이에요.

세계 4대 문명이 시작된 곳도 바로 강 주변이었어요. 중국 황허강에서 중국 문명, 인도 인더스강에서 인도 문명, 서남아시아의 티그리스강과 유프라테스강에서 메소포타미아 문명, 이집트의 나일강에서 이집트 문명이 탄생한 것처럼요. 그렇다면 세계에서 가장 긴 강은 어느 강일까요? 남아메리카에 있는 아마존강이라고도 하고, 아프리카에 있는 나일강이라고도 해요. 둘 다 7,000킬로미터에 가까운 길이로 어느 강이 더 긴지 정확하지는 않아요.

신이 만든 땅, 동남아시아

일 년 내내 덥고 비가 많이 와요

동남아시아 하면 뭐가 떠오르나요? 푸른 바다가 펼쳐진 휴양지와 망고, 두리안 등 맛있는 열대 과일이 유명해요. 동남아시아는 아시아의 동남쪽에 있어요. 베트남, 태국, 인도네시아, 필리핀 등 여러 나라가 있지요. 적도 부근에 있는 나라들이라 일 년 내내 기온이 높은 열대 기후가 나타나요.

동남아시아 기후는 건기와 우기로 나뉘어요. 건기일 때는 비가 거의 내리지 않고 건조해요. 우기가 되면 하루에 두세 번, 갑자기 많은 양의 비가 쏟아져요. 강한 태양열에 의해 한꺼번에 많은 양의 수증기가 증발해 비구름을 이뤄 세찬 비가 내리는 것이지요. 이를 '스콜'이라고 해요.

적도 부근은 일 년 내내 비가 많이 내려 곳곳에서 울창한 밀림을 볼 수 있어요.

세계의 쌀 수출국들이 있어요

동남아시아 지역에서는 일찍부터 벼농사가 발달했어요. 일 년 내내 덥고 비가 많이 내리는 기후 때문이지요.

평야가 발달한 베트남, 태국, 미얀마에서는 일 년에 3번까지 벼농사를 지을 수 있어요. 옛날에는 굳이 일하지 않아도 굶어 죽는 사람이 없었대요. 들판에 벼를 던져 놓기만 해도 쌀을 수확할 수 있었으니까요. 인구도 많아 농사지을 일손도 풍부했고요.

그런데 최근 쌀 수출국 중 하나였던 필리핀이 쌀 수입국이 되었어요. 수익이 낮은 벼를 심는 대신, 공장이나 골프장을 지었기 때문이에요. 쌀이야 수입해 먹으면 된다는 생각에서였지요. 결국 쌀은 부족해졌고 필리핀은 최대 쌀 수입국이 되었어요.

수입 쌀의 가격이 오르면서 필리핀 경제가 더욱 어려워지기도 했어요.

기후 변화로 필리핀의 식량 위기는 더 심각해질지 몰라요.

천연자원이 풍부해요

동남아시아 지역은 천연자원이 풍부해요. 특히 밀림의 왕국인 말레이시아와 인도네시아 지역에는 갖가지 천연자원이 숨어 있지요. 이곳에서 생산된 나무들은 세계 각국으로 수출돼요. 석유와 천연가스 등 지하자원도 많이 묻혀 있어요. 천연고무도 많이 나고요. 인도네시아 주변 해안에는 세계 여러 나라들이 진출해 석유와 가스 개발 사업을 벌여 왔어요. 우리나라가 최초로 석유 개발 사업에 투자한 나라도 인도네시아예요.

그런데 최근에 인도네시아 밀림이 파괴되고 있어요. 불도저로 숲을 밀어 내고 팜유 농장을 만들고 있거든요. 팜유는 야자열매에서 나오는 기름으로 라면, 초콜릿, 과자, 버터 등 안 들어가는 데가 없어요. 밀림이 파괴되면서 인도네시아에 살고 있던 오랑우탄은 멸종 위기에 처했대요.

팜유 농장에서 뿌려 대는 농약은 주변 생태계도 파괴하고 있지요. 선진국 기업들은 앞다투어 팜유 농장을 사들이고 농장을 늘리고 있어요. 라면이나 과자를 먹을 때마다 오랑우탄이 살 곳이 사라지는 셈이에요.

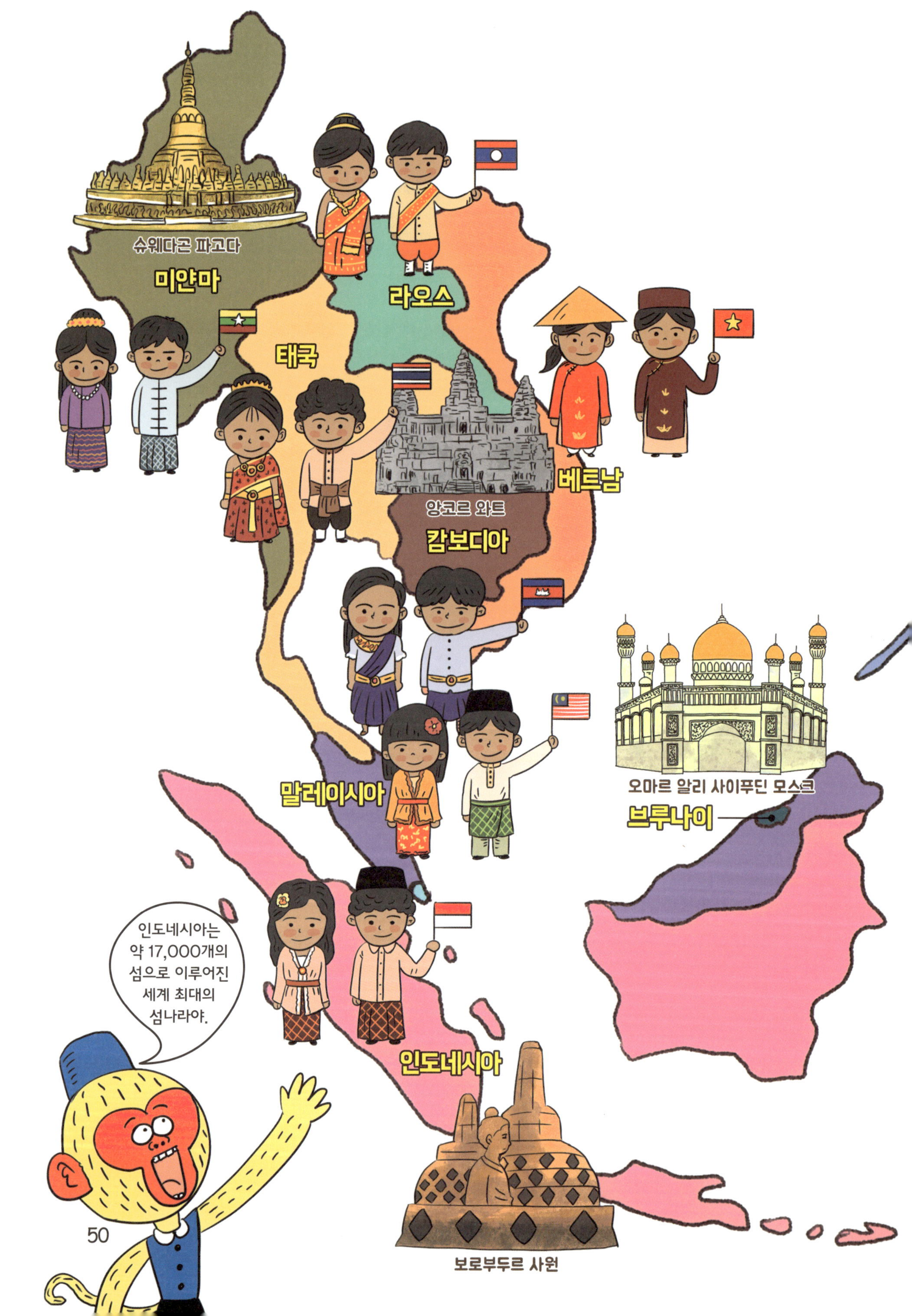

슈웨다곤 파고다
미얀마
라오스
태국
베트남
앙코르 와트
캄보디아
오마르 알리 사이푸딘 모스크
브루나이
말레이시아
인도네시아는 약 17,000개의 섬으로 이루어진 세계 최대의 섬나라야.
인도네시아
보로부두르 사원

다양한 종교를 믿어요

동남아시아에는 인도차이나반도가 있어요. 왼쪽으로는 인도, 위로는 중국(차이나)과 접해 있어 인도차이나라고 불려요. 오래전부터 동남아시아는 중국과 인도의 영향을 많이 받았어요. 인도에서 불교와 힌두교가 전해졌고, 중국의 유교와 한자가 전해지기도 했어요.

화교라 불리는 중국인들이 건너와 자리를 잡고 장사를 해 큰 부자가 되었지요.

또한 동남아시아에는 불교를 믿는 사람들이 꽤 많아요. 동남아시아를 여행하다 보면 오래된 절과 탑을 곳곳에서 쉽게 볼 수 있지요. 천 년도 넘은 엄청난 크기의 절과 수천여 개의 탑이 숲을 이룬 곳도 있어요. 한편 인도네시아와 말레이시아 등은 이슬람교를 믿지요. 곳곳에서 이슬람 사원인 모스크를 쉽게 찾아볼 수 있어요.

독특한 문화가 남아 있는 남아시아

풍부한 노동력을 자랑해요

남아시아는 아시아 대륙의 남쪽 중앙 지역을 말해요. 인도, 파키스탄, 방글라데시, 스리랑카, 네팔 등의 나라들이 있지요. 인도, 파키스탄, 방글라데시가 원래 인도라는 하나의 나라에서 갈라졌기에 남아시아라고 하면 인도 대륙을 떠올리기도 해요. 4대 문명의 하나인 인도 문명이 발생한 곳으로, 대부분의 나라들이 인구 밀도가 높은 편이에요. 동남아시아와 비슷한 열대 계절풍 기후가 나타나요. 힌두교와 불교가 탄생한 지역으로 두 종교가 이 지역 사람들의 생활에 많은 영향을 미치고 있어요.

인도 문명의 모헨조다로 유적이 유명해.
힌두교에선 갠지스강을 성스러운 어머니의 강이라 불러.
파키스탄
네팔
부탄
갠지스강
타지마할
방글라데시
인도는 소를 숭배해.
인도에서 힌두교와 불교가 탄생했어.
인도
인도양의 진주라 불리는 스리랑카는 자연이 아름다워.
스리랑카

세계의 지붕으로 불리는 히말라야산맥

세계에서 가장 높은 에베레스트산이 있는 산맥은? 바로 네팔에 있는 히말라야산맥이에요. 하늘과 가장 가까워 세계의 지붕이라 불려요. 8,000미터가 넘는 높고 험한 산봉우리가 14개나 있어요. 히말라야는 '눈이 사는 곳'이란 뜻이에요. 일 년 내내 눈이 덮여 있어요. 히말라야의 빙하가 녹아 큰 강을 만들기도 했어요. 산이 높으니 높이에 따라 다양한 동식물이 살아요.

히말라야 부근에서는 지진이 자주 일어나요. 2015년 네팔에서 일어난 지진은 엄청난 피해를 낳았지요. 히말라야는 험하고 길이 좁아 자동차가 다니기 쉽지 않아요. 산마을로 가려면 노새를 이용해 짐을 나르지요. 눈 쌓인 산에서 산사태라도 일어나면 목숨을 잃기 쉽고요. 히말라야를 오르는 사람들은 산의 신에게 기도를 올려요. 무사히 에베레스트 정상에 오르게 해 달라고요.

힌두교의 나라 인도

히말라야산맥 아래에 있는 나라가 바로 인도예요. 히말라야에서 시작된 인더스강과 갠지스강이 흘러요. 일찍이 인더스강 주변에서는 사람들이 모여 농사짓고 살면서 인도 문명이 탄생했어요. 인더스강 주변에 세워진 도시들은 그 어느 곳보다 계획적으로 만들어진 도시였어요. 곧고 반듯한 도로에, 집집마다 상하수도 시설을 갖추고 있었지요.

인도 남부에는 넓고 높은 데칸고원이 있어요. 기온이 높고 비가 적게 내려 일찍부터 목화 재배로 유명한 곳이지요. 또한 인도에 가면 신기한 광경을 볼 수 있어요. 길가에 소가 누워 있어도 자동차가 빵빵거리지 않고 기다리는 모습 말이에요. 그 이유는 인도가 힌두교를 믿는 나라이기 때문이에요. 힌두교에서는 소를 귀하게 여기고 섬기거든요.

석유가 많이 나는 서남아시아

세계의 석유 수출국들이 모여 있어요

서남아시아는 아시아 서남쪽에 있는 아라비아반도를 포함한 지역을 말해요. 고려에 온 아라비아 상인들이 바로 이 지역 사람들을 말해요. 기원전 3500년경부터 티그리스강과 유프라테스강 사이 초승달 모양의 기름진 땅에서 모여 살며 발전해 왔어요. 서남아시아 하면 석유를 빼놓을 수 없지요. 세계에서 사용되는 석유의 60퍼센트 이상이 이 지역에서 생산되거든요. 사우디아라비아, 이란, 이라크 등이 주요 석유 수출국이에요. 우리나라도 주로 이 지역에서 석유를 수입해 오고 있지요. 석유 생산 이후로 부자가 된 나라가 많아요. 석유 생산국들은 석유 수출 기구인 오펙(OPEC)을 조직해 석유의 생산과 공급을 조절하고 가격을 결정하기도 해요.
서남아시아에서는 이슬람교, 크리스트교, 유대교 세 개의 종교가 생겼지만 오늘날 서남아시아 국가 대부분은 이슬람교를 믿어요.

튀르키예
아야 소피아
이슬람교 경전
〈코란〉
시리아
사마라의 대모스크
이라크
이란
아프가니스탄
쿠웨이트
오늘도
석유를 찾아
떠나 볼까?
예언자의 모스크
우리는
이슬람교를 믿는
무슬림이야.
아랍에미리트
메카의 카바 신전
사우디아라비아
오만
예멘

유목 생활을 하고 흙집을 지어 살아요

서남아시아 지역 사람들은 주로 물을 구하기 쉬운 오아시스 주변이나 해안가에 모여 살아요. 이 지역 사람들은 집을 지을 때 주로 흙으로 벽돌을 만들었어요. 비가 오면 무너져 내릴 것 같다고요? 걱정 마세요. 건조한 지역이라 비가 내리는 날이 많지 않아요. 그리고 흙벽돌은 생각보다 무척 단단해요. 이렇게 지은 흙집은 낮에는 시원하고 밤에는 따뜻하답니다.

이 지역의 사람들은 얇은 천으로 두른 옷을 입어요. 강하게 내리쬐는 태양과 사막의 모래바람으로부터 피부를 보호하기 위해서예요. 예전에는 건조한 기후의 영향으로 풀이 있는 곳을 찾아다니는 유목 생활이 일반적이었어요. 하지만 요새는 국경이 생겨 옮겨 다니기 쉽지 않아요. 석유 같은 자원이 많이 나면서 그 주위에 정착하는 사람들이 많아져 유목민의 수가 줄고 있어요.

이슬람교의 성지가 많아요

서남아시아는 이슬람 문화권이에요. 아라비아반도에는 이슬람교도들에게 성지★로 불리는 곳이 있어요. 바로 사우디아라비아에 있는 메카와 메디나예요. 이슬람교를 믿는 사람들이 꼭 다녀오고 싶어 하는 곳이지요. 이슬람교는 무함마드에 의해 창시된 종교로, 알라신 앞에 모든 인간이 평등하다고 믿어요. 메카에서 태어나고 자란 무함마드는 이곳에서 이슬람교를 널리 알리기 위해 노력했지만 종교적인 탄압을 받아 쫓겨났지요. 그래서 옮겨 간 곳이 바로 메디나예요.

★**성지** 성스러운 지역을 말해요.

메디나는 622년 메카에서 추방당한 무함마드가 지낸 도시로, 그의 무덤이 남아 있어요. 메디나에 있는 이슬람 사원인 예언자의 모스크에는 전 세계에서 온 이슬람교도들이 기도를 드리는 모습을 종종 볼 수 있어요.

메디나와 메카는 그동안 이슬람교도 외의 사람들은 방문할 수 없도록 법으로 정해져 있었어요. 그런데 최근에 그 정책이 바뀌면서 이제 이슬람교도가 아닌 사람들도 두 도시를 방문할 수 있게 되었답니다.

세계 지리 배움터

땅 밑으로 물길을 만들어 농사를 지어요

서남아시아는 태양이 강하게 비추어 건조한 날씨가 계속돼요. 주로 넓은 사막이 펼쳐지고 곳곳에 초원이 있어요. 옛 서남아시아 사람들은 초원에서 낙타, 양, 염소 등을 기르며 유목 생활을 하거나 오아시스 주변에서 모여 살았지요.

하지만 오아시스의 물은 농사짓기에는 턱없이 부족했어요. 그래서 물을 끌어오기 위해 땅 밑으로 '카나트'라는 물길을 만들었어요. 햇볕에 물이 증발하는 것을 막기 위해서지요.

물이 비교적 많은 산지에서 지하 물길을 이용해 물을 끌어와 농사와 생활에 이용하는 거예요. 카나트를 통해 밀, 목화, 대추야자 등의 농사를 지어요.

세계 지리 놀이터

우리나라가 속한 아시아는 세계에서 가장 큰 대륙으로 세계 인구의 약 60퍼센트가 살아요. 다음 그림을 보고 틀린 것을 두 개 골라 네모 칸에 ✓해 보세요.

☐

중국에서는 중국 문명, 인도에서 인도 문명, 서남아시아에서 메소포타미아 문명이 생겨났어요.

☐

한국, 중국, 일본 세 나라는 모두 젓가락을 사용해요. 특히 여럿이 둘러앉아 음식을 먹는 일본은 긴 젓가락을 써요.

중앙아시아는 유럽과 아시아 대륙 사이에 위치하고 있어 옛날부터 사람, 물자, 그리고 문화의 이동로 역할을 해 왔어요.

배를 통해 무역 항로를 개척하기 이전까지 비단길은 아시아와 유럽을 잇는 주요한 무역로였어요.

태국, 미얀마, 베트남, 라오스, 캄보디아 등과 같은 동남아시아는 천주교를 믿는 사람들이 많아 오래된 성당을 쉽게 볼 수 있지요.

이번에 여행할 곳은 유럽 대륙이에요. 고대 그리스·로마 문명이 탄생한 곳으로 유럽 역사의 흔적들이 곳곳에 숨어 있지요. 마치 살아 있는 박물관 같아요.

요들송이 울려 퍼질 것 같은 알프스산맥, 유럽 곳곳을 유유히 흐르는 강들, 춥고 눈이 많이 오지만 아름다운 숲과 호수가 많은 스칸디나비아반도, 눈이 부실 정도로 푸르른 지중해가 있답니다. 다 같이 유럽 사람들의 삶을 살펴보러 출발해 볼까요?

하나의 국가와 같은 유럽

궁금해요! 유럽 대륙

뚜벅뚜벅 유럽을 둘러보아요

유럽은 아시아 서쪽에 있는 대륙으로 북쪽으로는 북극해, 서쪽으로 대서양, 남쪽으로는 지중해와 접해 있지요. 그리 넓지도 않은데 40여 개가 넘는 나라가 있어요. 크게 서유럽, 동유럽, 북유럽, 남유럽 등으로 나눌 수 있어요. 유럽 남쪽에는 피레네산맥, 알프스산맥 등 높은 산지가 있어요. 북쪽에는 비교적 낮은 산맥으로 빙하 지형이 나타나는 스칸디나비아산맥이 있지요. 유럽 중앙에는 넓고 평평한 대평원이 펼쳐져요. 다뉴브강, 라인강 등 강도 많아요. 이 강들은 바다와 내륙 곳곳을 연결해 주지요.

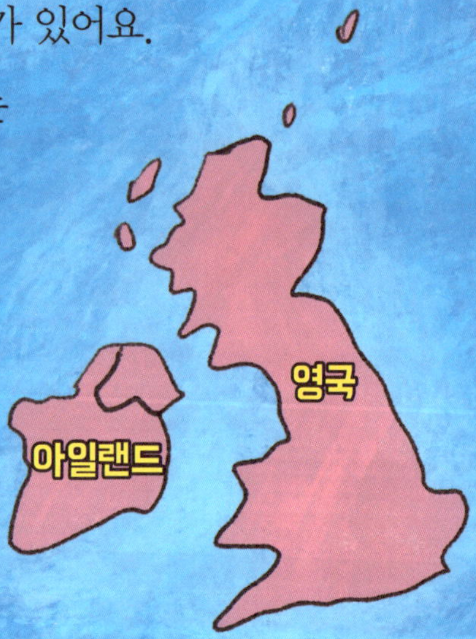

스칸디나비아산맥
스웨덴
핀란드
노르웨이
중앙은 넓은 평야.
러시아
덴마크
리투아니아
벨라루스
네덜란드
독일
폴란드
벨기에
스위스
체코
슬로바키아
우크라이나
프랑스
헝가리
알프스산맥
포스토이나 동굴
세르비아
루마니아
피레네산맥
불가리아
이탈리아
그리스
튀르키예
에트나 화산

살기 좋은 유럽의 기후

유럽은 아시아와 아프리카 다음으로 인구가 많아요. 땅이 넓지 않은 데도 인구가 많은 이유는 살기 좋은 자연환경과 기후 때문이에요. 유럽은 사계절이 있지만 각 지역마다 조금씩 다른 기후가 나타나요. 그런데 위도보다는 대서양에서 불어오는 바람의 영향을 많이 받지요. 그러다 보니 동쪽과 서쪽의 기온 차가 크게 나타나기도 해요.

지중해에 접한 남부 유럽은 여름에는 비가 적게 와 건조한 기후가 나타나요. 반면 겨울에는 무척 따뜻하고 비도 많이 오는 편이지요. 이를 '지중해성 기후'라고 해요. 서부 유럽은 여름에는 서늘하고, 겨울은 따뜻해 생활하기 좋아요. 북부와 동부 유럽은 겨울에 눈이 많이 내리고 추운 편이에요. 지역마다 기후에 차이가 나니 생활 모습이나 풍습도 각각 달라요.

문명이 탄생하고 산업이 발달했어요

유럽에서는 일찍부터 문명이 발달했어요. 로마 제국의 황제인 콘스탄티누스는 밀라노 칙령을 공표하여 크리스트교를 전 세계로 전하기도 했지요. 유럽 문명은 크리스트교와 함께 곳곳으로 전해졌어요. 중국을 거쳐 우리나라에도 전해졌고요. 지금도 유럽 여러 나라들은 대부분 크리스트교를 믿어요.

영국에서는 산업 혁명이 일어나면서 공업이 발달했어요. 공장에서 물건을 대량으로 만들어 내기 시작하면서 물건을 팔아 이익을 볼 곳이 필요했지요. 이후 영국을 비롯한 프랑스와 독일, 에스파냐 등 유럽 여러 나라들 또한 발달한 공업을 바탕으로 아메리카, 아프리카, 아시아 등 다른 지역으로 손을 뻗어 식민지를 만들기도 했어요.

유럽을 하나로 묶은 유럽 연합

유럽 여러 나라들은 서로 하나 되어 발전하기 위해 정치와 경제 공동체인 유럽 연합(EU)을 만들었어요. 28개 나라가 이 조직에 가입했고 화폐도 유로화를 사용해요. 유럽의 어느 나라를 가더라도 같은 화폐를 사용하기 때문에 마치 하나의 거대한 국가인 것 같은 느낌을 받기도 해요.
국가 간의 국경선을 통과하는 것도 어렵지 않아요. 기차를 타고 이웃 나라로 쉽게 갈 수 있지요. 그런데 2016년에 영국이 국민 투표를 통해 유럽 연합에서 탈퇴하겠다는 결정을 했어요. 4년 뒤, 공식적으로 유럽 연합에서 탈퇴한 이후 영국은 물가가 치솟는 등 경제적인 어려움이 닥쳤어요. 탈퇴 이전으로 돌아가고 싶다는 국민들의 의견이 늘어나고 있는 중이에요. 앞으로 유럽의 미래에 어떤 변화가 생길지 잘 지켜보아요.

우리는
한 가족!

다양한 산업이 발달한 서유럽

여름엔 서늘하고 겨울엔 따뜻해요

프랑스 등이 있는 서유럽은 여름에 서늘하고 겨울엔 따뜻해 생활하기 좋아요. 우리나라보다 북쪽에 있는데도 훨씬 생활하기에 좋은 기후지요. 왜 그럴까요? 그 이유는 서쪽 바다에서 불어오는 습한 바람과 북대서양의 따뜻한 해류인 난류의 영향을 받아서예요. 일 년 내내 비도 고르게 내리는 편이에요.

한편 섬나라인 영국은 바다로 둘러싸인 해양성 기후로 안개가 자주 끼고 비도 자주 와요. 때론 안개가 자욱해 앞이 보이지 않을 정도랍니다. 그래서인지 영국 신사들은 모자를 쓰고 비옷을 입어요. 한 손에 우산을 들고 있고요. 이런 옷차림은 날씨와 관련이 있어요. 하루에도 몇 번씩 비가 오다 말다를 반복하니 모자와 비옷을 걸치는 것이랍니다.

농작물 재배와 가축 기르기를 함께해요

서유럽에서는 독특한 농업이 발달했어요. 여름에 서늘하고 흐린 날이 많아 농사짓기에 그리 좋은 날씨가 아니거든요. 곡식이 잘 익으려면 태양이 강하게 내리쬐어야 하는데 말이지요. 그러다 보니 서늘한 기후에서 잘 자라는 밀이나 보리 등을 주로 재배해요. 그리고 가축을 기를 풀밭을 따로 만들어 소나 돼지 등을 함께 기르는데 이런 농업을 '혼합 농업'이라고 해요.

큰 도시 주변이나 교통이 편리한 지역에서는 소나 양을 길러 우유나 치즈 등을 얻는 낙농업도 발달했어요. 상하기 쉬운 우유를 빠르게 유통하기 때문이지요.

네덜란드와 덴마크는 세계적인 낙농업 국가예요. 그중 네덜란드는 독특한 지형으로 유명해요. 바다보다 육지가 낮은 곳이 많거든요. 둑을 쌓아 바닷물을 막고 바람을 이용해 풍차를 돌려 물을 빼내 간척지를 만든 거예요. 그 땅에서 소나 양을 길러 우유나 치즈 등을 생산하지요. 튤립 등 여러 가지 꽃과 화초를 키워 주변 국가로 수출하기도 해요.

물길을 따라 수상 교통이 발달했어요

유럽에 가면 물길로 지나다니는 배들을 쉽게 볼 수 있어요. 영국의 템스강, 독일의 라인강과 다뉴브강, 프랑스의 센강 등지에서 말이에요. 강과 더불어 인공 물길인 운하도 잘 발달해 있어요. 독일의 경우 크고 작은 운하가 발달해 있어요. 큰 배도 드나들 수 있게 넓게 만들어졌지요. 이러한 강들은 유럽 여러 나라에 걸쳐 흐르며 중요한 교통로 역할을 해 왔어요.

서유럽의 물길은 겨울에도 잘 얼지 않고 일 년 내내 물의 양도 적당해 배가 다니기 좋아요. 배들은 수많은 사람과 물건들을 실어 날라요. 물론 고속 도로와 철도가 잘 발달해 있지만 아주 오래전부터 유럽에서는 물길이 주요 교통로 역할을 했어요. 그래서 수상 교통이 발달한 곳에 도시가 발달하고 공장이 들어섰어요. 공장에서 만들어진 물건들이 물길을 통해 여기저기로 팔려 나갔지요.

일찍부터 공업이 발달했어요

영국에서 가장 먼저 산업 혁명이 시작되었어요. 공장에서 기계를 이용해 한꺼번에 많은 양의 물건을 생산해 내며 공업은 눈에 띄게 발전했지요. 특히 영국, 프랑스, 독일 등의 지역에서 일찍부터 공업이 발달했어요. 석탄과 철광석 등 지하자원이 많이 나는 지역을 중심으로 말이에요.

옷감을 만드는 섬유 공업도 발달했어요. 하지만 석탄이 점점 줄어들고 사람들의 생활이 바뀌면서 변화가 일어났어요. 전자, 항공, 컴퓨터 관련 산업 등 기술을 바탕으로 한 산업이 발달하기 시작하지요.

유럽은 공업이 발달한 지역이지만 이로 인한 문제도 많아요. 자원이 점점 줄어들고 환경 오염, 숲의 파괴 등이 일찍 시작됐어요. 지금은 자연의 중요성을 깨닫고 환경을 보호할 수 있는 제도들을 많이 만들었답니다.

세계 지리 배움터

독일의 그뤼네스 반트를 찾아서

독일이 동독과 서독으로 분단되었던 시절, 분단의 상징으로 불리던 곳이 있어요. 바로 철조망으로 둘러쳐진 죽음의 선이라고 불렸던 '철의 장막'이에요. 이곳에는 지뢰, 감시탑, 자동 발사 장치 등이 있어 철조망을 넘으려는 사람을 죽음으로 몰고 가기도 했어요. 하지만 40여 년간 사람의 발길이 닿지 않다 보니 다양한 동식물이 살아가는 생태계의 보물 창고가 되었지요.

GrünesBand Deutschland

그뤼네스 반트 로고

1990년, 독일이 통일되면서 이곳을 어떻게 할지 고민이 많았어요. 그리고 정부를 비롯해 환경 단체들과 시민들이 힘을 모아 이곳을 보존하고 친환경적인 공간으로 만들기 위해 노력했어요. 그뤼네스 반트 프로젝트를 펼치면서 산책길을 내고, 생태가 잘 보존된 평화의 상징의 공간으로 바꾸어 냈어요. 독일의 그뤼네스 반트는 우리나라의 비무장 지대(DMZ)를 앞으로 어떻게 변화시킬지 생각해 볼 수 있게 하지요.

신비로운 대자연이 숨 쉬는 북유럽

추워도 너무 추운 유럽의 북쪽

북유럽은 유럽의 북부 지역을 말해요. 보통 스칸디나비아반도와 그 주변의 스웨덴, 노르웨이, 핀란드, 아이슬란드 등을 포함하지요. 북유럽은 위도가 높아요. 그러다 보니 겨울에는 햇빛을 볼 수 있는 날이 많지 않아요. 여름에는 비가 많이 오고 겨울에는 눈에 덮인 채로 사는 날들이 많아 농사짓기 어려운 곳이지요.

북유럽 하면 우거진 숲과 맑은 호수가 떠오를 거예요. 또 빙하 지역도 감탄을 자아내게 하지요. 신비한 오로라 현상도 관찰할 수 있고요. 철강 산업 등이 발달하고 석유가 생산되는 지역도 있어요. 대체로 경제적으로 잘사는 나라들이 많아요. 풍부한 산림 자원을 바탕으로 펄프★와 제지 공업이 발달하기도 했지요. 이를 바탕으로 다양한 복지 제도가 마련되면서 국민들의 삶의 만족도가 높은 나라들로 발전했어요.

★**펄프** 섬유나 종이 등의 원료로 써요.

빙하의 침식 작용으로 만들어진 해안

스칸디나비아반도는 유럽 북서부 끝에 있는 반도예요. 노르웨이, 스웨덴, 핀란드가 있어요. 이 지역은 추운 지역으로 침엽수림이 많아요. 무엇보다 아주 오래전에 빙하의 침식★으로 만들어진 피오르 해안이 있어 관광객들이 많이 찾지요.

피오르는 좁고 깊은 만★이란 뜻이지요. 빙하가 해안을 깎아 생긴 'U' 자 모양의 좁고 긴 계곡에 바닷물이 차면서 복잡한 해안선이 만들어졌어요. 200킬로미터가 넘는 긴 피오르도 있어요. 끝없이 이어지는 좁은 계곡이 펼쳐 낸 아름다움은 관광객들의 눈을 사로잡아요. 핀란드에는 빙하가 만든 6만여 개의 호수가 있답니다.

★**침식** 비나 빙하, 바람 등의 자연 현상으로 지표면이 깎이는 걸 말해요.
★**만** 바다가 육지 쪽으로 굽어 들어온 곳이에요.

숲과 호수의 나라 핀란드

핀란드는 아름다운 숲과 호수로 유명해요. 울창한 침엽수 숲을 걷다 보면 마치 요정이 된 느낌이 들지요. 숲길을 따라 다양한 동식물을 만날 수도 있어요. 오래전부터 숲과 함께 살아온 핀란드인들은 숲을 보호하고 가꾸기 위해 많은 노력을 해 왔지요. 곳곳에 자연을 보호하는 친환경 도시들이 들어서 있고, 숲 유치원과 숲속 학교 등도 많이 있어요. 핀란드가 숲을 대하는 모습을 보면 인간과 자연이 어떻게 함께 살아가야 하는지를 생각하게 해요.

섬나라 아이슬란드

아이슬란드는 북극과 가까운 곳에 있는 섬나라예요. 아름다운 대자연이 펼쳐진 곳으로 유명해요. 북극에 가까이 있다 보니 기후가 낮은 편이라 풀과 나무들이 제대로 자라기 어렵지요. 특히 화산 활동으로 만들어진 온천이 곳곳에 있어요. 화산 활동으로 펼쳐지는 경이로운 풍경을 보려고 많은 관광객이 찾아오기도 해요.

지중해와 맞닿은 남유럽

지중해의 영향을 받은 기후가 나타나요

남유럽은 알프스산맥 아래 지역으로 지중해 바다에 접해 있어요. 이탈리아, 그리스 등의 국가들이 있지요. 지중해는 대서양으로 이어지는 바다로 유럽, 아메리카, 아프리카로 둘러싸여 있어요. 지중해에 접한 지역은 여름이 덥고 건조하며 비가 적게 와요. 겨울에는 따뜻하고 비가 많이 내리지요.

남유럽에서는 건조한 여름에 잘 견디는 코르크나 올리브, 포도 등을 주로 재배해요. 뜨거운 태양열을 반사하도록 집도 흰색으로 많이 칠해요. 사람들은 뜨거운 태양을 피해 낮잠을 자곤 해요. 그러다 저녁이 되면 서늘한 공원 주변에 모여들지요. 맑은 하늘과 푸른 바다가 펼쳐지는 지중해의 도시에는 여름휴가를 즐기러 오는 사람들로 넘쳐 나요.

희고 높은 알프스산맥

알프스는 양들이 뛰놀고 요들송이 울려 퍼지는 넓은 초원으로 유럽을 대표하는 산맥이에요. 프랑스, 오스트리아, 스위스, 이탈리아 등지에 걸쳐 있어요. 그중 스위스는 알프스의 나라로 불리기도 해요. 몽블랑 등 높은 산봉우리들은 일 년 내내 빙하와 눈으로 덮여 있지요. 산 아래로 내려오다 보면 겨울, 가을, 여름, 봄을 한꺼번에 만날 수 있어요. 많은 사람이 알프스의 아름다움을 보기 위해 스위스를 방문하지요.

스위스에 가면 산허리를 달리는 산악 열차를 타고 알프스의 아름다운 광경을 볼 수 있어요. 유럽에서 가장 긴 알레치 빙하와 빙하가 녹아 만들어진 호수, 힘차게 떨어지는 폭포도 큰 볼거리예요.

산봉우리 사이 푸른 초원에 자리 잡은 마을은 무척 평화로워 보여요.

이곳 사람들은 농사 대신 가축을 기르거나 우유, 치즈, 버터 등을 만들어 팔며 생활해요.

올림포스산의 신들을 만나러 가요

제우스, 헤라, 아폴론 등 그리스 로마 신화에 나오는 신들을 만나려면 그리스로 가야 해요. 그리스는 발칸반도 끝자락에 있어요. 아테네와 스파르타라는 도시 국가를 중심으로 한 유럽 문화가 생겨난 곳이지요. 일찍이 항구가 발달하고 배를 이용한 산업이 발달했어요.

2천 개가 넘는 섬이 있는데, 눈부신 하얀 건물과 파란 지붕의 집들이 모여 있는 아름다운 풍경의 산토리니섬이 유명해요. 화산이 폭발해 생긴 섬으로 세계인이 사랑하는 관광지예요.

그리스는 산이 많은 국가예요. 수도인 아테네는 산으로 둘러싸인 분지고요. 가장 높은 산인 올림포스산은 신들이 사는 곳으로 제우스가 머물렀던 곳이라고 해요. 아크로폴리스 언덕에는 파르테논 신전이 자리하고 있어요. 고대 그리스 시민들이 모여 자유롭게 토론을 벌이던 아고라 광장도 있지요. 아테네에서는 최초로 올림픽이 열리기도 했다고 전해요.

인공 섬인 물의 도시 베네치아

베네치아는 이탈리아를 여행하는 여행객들에게 가장 인기 있는 도시예요. 일찍이 주변 지역과 무역을 해서 경제적으로 무척 풍요로운 곳이지요. 이곳은 100여 개가 넘는 작은 인공 섬으로 이루어져 있는데, '물의 도시'로 불려요. 400여 개 다리가 섬과 섬을 연결해 주지요. 사람들은 수상 택시나 작은 배인 곤돌라를 타고 도시를 이동해요. 옛 시가지에서 자동차는 거의 볼 수 없을 정도예요.

베네치아의 건축물들은 도시의 깊은 역사를 보여 줘요. 곤돌라를 타고 여행하다 보면 도시 전체가 물 위에 떠 있는 느낌이 들 거예요. 그런데 인공으로 만든 섬이라 땅 표면이 약해 밑으로 점점 내려앉고 있대요. 물의 오염도 심각하고요. 시민들은 베네치아를 지키기 위해 방벽을 세워 바닷물이 들어오는 걸 막는 등 한마음으로 노력하고 있어요.

세계 지리 배움터

세계 자연유산 이야기

세계 곳곳에는 아름다운 풍경을 자랑하는 자연유산들이 많아요. 특히 유네스코는 인류가 보호해야 할 가치가 있는 자연유산을 세계 자연유산으로 정했지요. 그중 대표적인 세계 자연유산을 살펴보아요.

바이칼호

러시아 시베리아 남쪽에 있는 호수로 세계에서 가장 오래되고 깊은 호수예요. '풍요로운 호수'라는 의미로 '시베리아의 진주'라고도 불리죠. 2,600여 종의 동식물이 살고 있어요.

할롱베이

베트남에 있는 곳으로 3,000개가 넘는 섬과 바위들을 마치 바다에 뿌려 놓은 것 같은 신비로운 풍경이지요. 용이 내려와 앉은 자리라는 전설이 전해져요.

그랜드 캐니언

미국 서부 지역에 있는 계곡으로 세계에서 가장 큰 협곡이에요. 길이가 서울에서 부산까지 정도라니 상상이 안 되지요? 길게 펼쳐진 절벽이 웅장해요.

이구아수 폭포

남아메리카의 브라질과 아르헨티나 국경 지대에 있는 폭포예요. 세계에서 폭이 가장 넓은 폭포로 300여 개의 폭포 물줄기가 쏟아져 내릴 때 들리는 소리는 마치 천둥과도 같아요.

킬리만자로 국립 공원

킬리만자로산은 해발 5,895미터로 아프리카에서 가장 높은 산이에요. 산 정상이 늘 흰 눈으로 덮여 있는 아름다운 산이지요. '빛나는 산'이란 뜻을 가진 킬리만자로산에는 높이에 따라 다양한 식물들이 자라요.

캄차카 화산군

러시아에 있는 화산 지역으로 세계에서 화산이 가장 많이 모여 있는 곳으로 손꼽혀요. 160여 개의 화산이 모여 있는데, 아직도 활동 중인 다양한 종류의 화산이 있어요.

큰 변화를 겪은 동유럽

여러 가지 변화를 겪었어요

동유럽은 유럽 대륙 동쪽에 있는 지역으로 아시아와 맞닿아 있어요. 러시아 일부와 폴란드, 헝가리, 체코, 루마니아 등 여러 나라가 있지요. 유럽 문화와 아시아, 이슬람 문화 등이 만나는 지역이라 다양한 문화가 나타나요.
슬라브족을 중심으로 여러 민족이 살아요. 한 국가 안에서 언어와 종교가 다른 나라도 있어요.
동유럽은 정치적으로 불안했던 지역이에요. 제1차 세계 대전이 일어난 곳이기도 하고요. 동유럽에 속한 나라들은 대부분 공산주의 국가였어요.
그런데 동유럽의 공산주의를 이끌던 옛 소련이 무너지면서 차츰 자본주의를 받아들였고, 개방화의 물결이 밀려들어 많은 변화를 겪게 돼요.
여러 나라들이 옛 소련으로부터 독립하는 등 여러 차례 큰 변화가 있었지요.

옛 소련을 무너뜨리고 개방하자!
러시아
빵
옛 소련
라트비아
리투아니아
벨라루스
옛 소련으로부터 독립하자.
폴란드
체코
우크라이나
헝가리
크로아티아
루마니아
세르비아
불가리아
알바니아

여름과 겨울의 기온 차가 커요

동유럽은 대부분 냉대 기후가 나타나요. 겨울이 길고 몹시 추워요. 북극에 가까운 지역에서는 한대 기후가 나타나기도 하지요. 일부 남쪽 지역에는 초원이 펼쳐지기도 해요. 냉대 기후 지역에서는 잎이 뾰족한 침엽수가 잘 자라요. 북반구 냉대 기후 지역에 분포된 침엽수 숲을 '타이가'라고 해요. 침엽수 숲이 바다처럼 펼쳐지지요. 이 침엽수를 이용해 목재와 펄프를 생산해요.

자연 그대로 잘 보존되어 있어요

동유럽의 북쪽에는 유럽 대평원이 펼쳐져 있어요. 남부 발칸반도 지역은 산지가 많아요. 북부는 빙하가 쌓여 농사짓기 좋지 않아요. 그에 비해 남부는 황토 흙으로 기름지지요. 동유럽 국가들은 밀, 옥수수, 감자 등 농사를 지어요. 초원에서 소를 기르기도 하고요. 지하자원은 그리 많지 않아서 유럽 다른 지역에 비해 공업이 그리 발달하지는 못했어요.

동유럽과 서유럽 사이의 폴란드

폴란드는 영토가 비교적 넓은 나라로 북쪽으로 발트해와 접해 있고, 독일, 체코 등 여러 나라와 국경을 맞대고 있어요. 그러다 보니 해양성 기후와 대륙성 기후의 중간적인 기후가 나타나요. 동유럽으로 분류하기는 하지만 실제로는 동유럽과 서유럽 사이에 있는 나라로 볼 수 있어요.

클레멘스산은 폴란드, 슬로바키아, 우크라이나 국경을 접하고 있는데 이 산을 중심으로 유네스코가 지정한 타트라스 생물권 보전 지역★이 있어요. 이 울창한 침엽수 지대에는 불곰, 물소, 늑대, 사슴 등의 야생 동물들이 살아가고 있지요. 또 100여 개의 빙하 호수와 웅장한 폭포 등이 조화를 이루는 원시의 숲으로, 많은 관광객이 찾아와요.

★**생물권 보전 지역** 자연 상태 그대로 보존하기 위해 유네스코가 정한 곳으로, 우리나라에서는 1982년에 설악산이 최초로 지정되었어요.

유럽과 아시아에 걸쳐 있는 러시아

세계에서 가장 넓은 영토를 가진 나라는 바로 러시아예요. 한반도의 70배가 넘으며 유럽과 아시아에 걸쳐 있어요. 러시아 지형은 크게 동부와 서부로 나뉘어요. 서부는 낮은 평원이 펼쳐지고 동부는 산이 많은 편이에요. 수도인 모스크바 등 대부분 도시가 서부 지역에 발달해 있어요. 러시아 북쪽에 위치한 넓은 시베리아 땅에는 석유, 석탄, 철 등 다양한 지하자원이 묻혀 있어요.

러시아는 워낙 넓어서 양 끝에 있는 지역의 시간이 10시간 정도 차이 나요. 그래서 11개의 표준시를 사용한대요. 땅이 넓으니 기후도 다양하게 나타나지요. 대부분은 냉대 기후로 길고 추운 겨울이 이어져요. 러시아에는 세계에서 가장 추운 마을이 있어요. 바로 시베리아에 있는 '오미야콘'이라는 마을이에요. 겨울에 영하 70도까지 내려간 적도 있대요. 마치 겨울 왕국에 나오는 마을 같아요.

세계 지리 배움터

세계의 집 이야기

세계 곳곳에서 사람들은 다양한 집을 짓고 살아왔어요.
주변에서 구하기 쉬운 재료를 이용하고
기후와 지역의 특색에 맞는 집을 지었지요.

넓은 초원에서 양이나 소를 기르며 이동 생활을 하는 몽골에서는 이동식 천막집을 짓고 살아요. 여기저기 옮겨 다니며 살기 때문에 조립과 해체가 쉬운 집을 짓게 된 거예요.
몽골의 게르
일 년 내내 덥고 비가 많이 내리는 동남아시아에서는 물 위에 집을 짓고 살기도 해요. 강이나 바다에서 물고기를 잡아먹으며 살죠. 더위도 피할 수 있어요.
동남아시아의 수상 가옥

세계 지리 놀이터

하나의 커다란 국가와 같은 유럽이지만 나라마다 개성이 가득해요. 나라별로 설명을 살펴보고 알맞은 것끼리 연결해 보세요.

영국

독일

유네스코가 지정한
타트라스 생물권 보전 지역에는
불곰, 물소, 사슴 등
야생 동물들이 살고 있어요.

분단 지역을 중심으로
산책길을 내고, 생태가 잘
보존된 평화의 공간으로
재탄생했어요.

산업 혁명이
가장 먼저 시작되어
공업이 발달했어요.

핀란드

이탈리아

폴란드

이번에 여행할 아메리카 대륙은 우리나라와 거대한 태평양을 사이에 두고 마주하는 대륙이에요. 북아메리카와 남아메리카로 나뉘어요.

아메리카 대륙은 북반구와 남반구에 걸쳐 있다 보니 자연환경이나 기후 등이 다양하게 나타나지요. 살아가는 모습도 서로 다르고요. 지금부터 아메리카 대륙에 숨겨진 이야기들을 찾으러 여행을 떠나 볼까요?

서로 다른 색깔의 대륙 아메리카

궁금해요! 아메리카 대륙

뚜벅뚜벅 아메리카를 둘러보아요

아메리카는 북반구와 남반구에 걸쳐 길게 뻗어 있는 대륙이에요. 대서양을 사이에 두고 유럽, 아프리카 대륙과 마주 보고 있지요. 아시아 대륙과는 태평양을 사이에 두고 마주하고 있고요. 북아메리카는 북극해, 남아메리카는 남극해와도 접해 있어요. 남북으로 길게 뻗어 있다 보니 열대 기후부터 한대 기후까지 다양한 기후가 나타나지요.

지도를 보며 함께 아메리카를 둘러볼까요? 북아메리카 맨 위에 있는 나라가 캐나다, 가운데 넓은 나라가 미국이에요. 그 아래에 멕시코가 있고요. 남아메리카에는 브라질, 아르헨티나, 칠레, 페루 등이 있어요.

카우보이는 힘들어.
이글루
캐나다
미국
아메리카 원주민 인디언
쿠바는 아메리카 대륙의 유일한 공산주의 국가야.
자유의 여신상
멕시코 전통 음악을 연주하는 마리아치.
멕시코
쿠바
콜롬비아
브라질
페루
이스터섬의 모아이 석상
칠레
아르헨티나
탱고의 본고장 아르헨티나!

아메리카 대륙을 발견했어요

"지구는 둥글다. 보석과 향신료를 찾아 서쪽으로 가자!"

1492년, 콜럼버스는 산타 마리아호 등 배 세 척을 이끌고 오랜 항해 끝에 새로운 대륙에 도착했어요. 바로 지금의 아메리카 대륙이지요. 그는 죽을 때까지 그곳을 '인도 땅'이라고 여겼대요. 이후 이탈리아의 탐험가 아메리고 베스푸치도 아메리카에 발을 내딛었어요.

그는 콜럼버스와 달랐어요. 그곳이 인도가 아닌 새로운 대륙임을 알아낸 것이지요. 유럽인에게 새로 알려진 이 신대륙은 그의 이름을 따 '아메리카'라고 불리게 되었어요. 이후 유럽인들이 경쟁하듯 신대륙으로 몰려왔어요. 곳곳에 금광과 은광이 널려 있는 아메리카 대륙은 너무 매력적이었거든요. 하지만 이곳에 이미 터를 일구고 살던 아메리카 원주민들에게 그들은 침입자였어요. 거침없이 밀려온 유럽인들에게 자신들의 땅을 빼앗기게 된 거예요.

다양한 문화가 뒤섞였어요

"와! 정말 넓은 땅이구나. 여기서 금이나 은을 캐거나 농작물이나 가축을 길러 본국으로 보내도 좋겠군."

아메리카 대륙으로 건너온 유럽인들은 꿈에 부풀었어요. 아메리카는 점차 유럽 사람들에게 점령당하기 시작했지요. 유럽 사람들은 아프리카 대륙에서 데려온 노예들을 이용해 농사를 짓고 소나 양들을 길렀어요.

이후 아시아인들도 농장이나 공장에서 일하기 위해 건너왔어요. 그러면서 다양한 인종과 문화가 뒤섞인 사회가 되었지요. 아메리카는 문화적 영향에 따라 다르게 구분하기도 해요. 북아메리카에는 영국과 프랑스, 남아메리카에는 에스파냐와 포르투갈 사람들이 건너와 자리를 잡았지요. 영국과 프랑스 문화의 영향을 받은 지역을 앵글로아메리카, 에스파냐와 포르투갈의 영향을 받은 지역을 라틴아메리카라고 불러요.

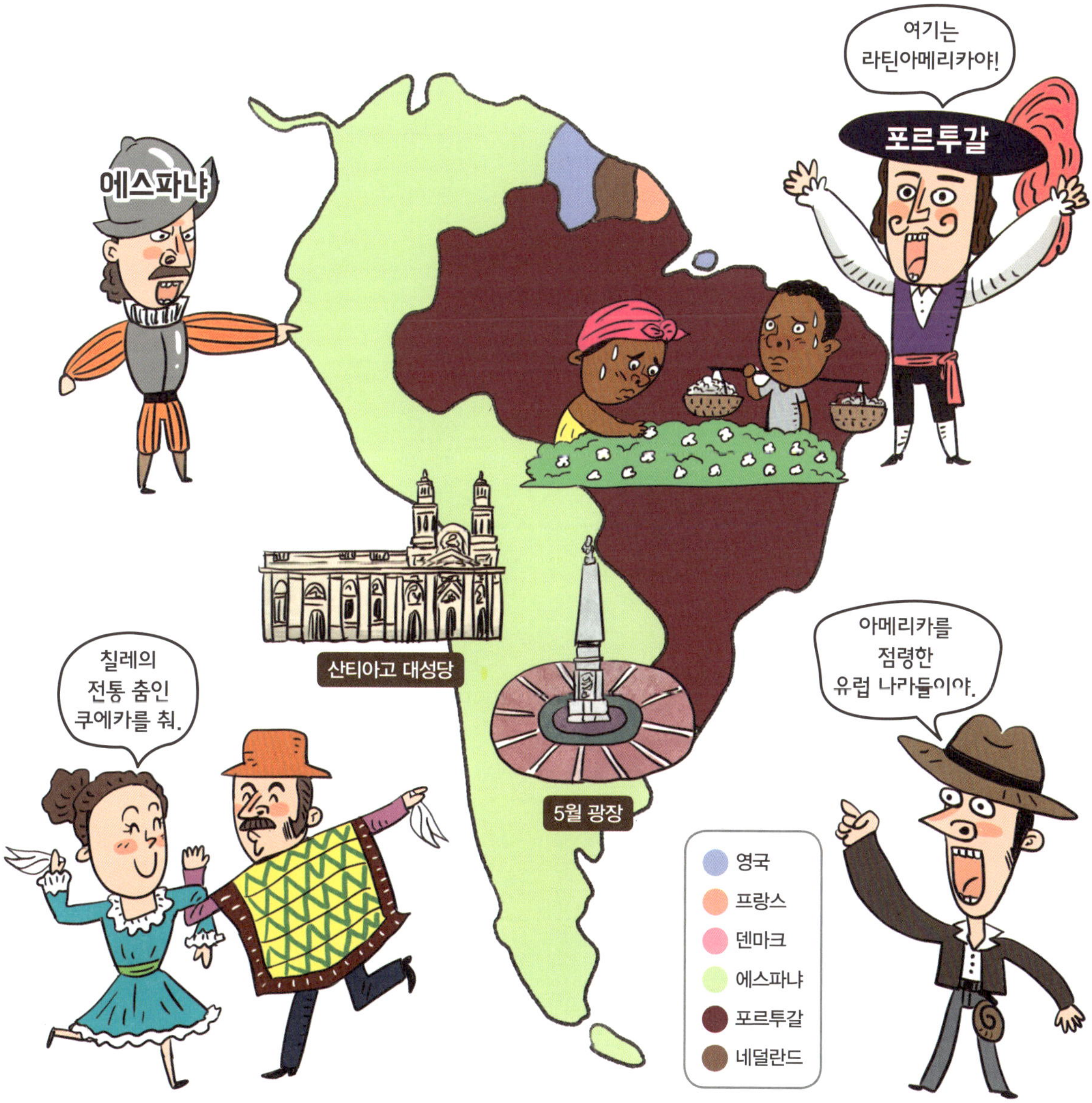

공업이 발달한 북아메리카

넓은 평원이 펼쳐져 있어요

북아메리카는 아시아와 아프리카 다음으로 큰 대륙이에요. 적도 부근에서 북극 지방까지 걸쳐 있다 보니 열대 기후부터 한대 기후까지 다양한 기후가 나타나요. 지형을 살펴보면 서쪽에는 로키산맥과 같이 높고 험준한 산지가 많아요. 동쪽에는 애팔래치아와 같은 낮은 산지가 있어요. 동쪽과 서쪽에 뻗어 있는 산지 사이를 3,700여 킬로미터에 달하는 미시시피강이 흐르고 있어요. 그리고 미시시피강을 따라 넓은 대평원이 펼쳐지지요. 이곳은 세계적인 곡창 지대로 유명해요.

대륙 북동부에는 세계에서 가장 큰 섬인 그린란드가 있어요. 지리적으로는 아메리카 대륙에 위치하고 있지만 덴마크에 속한 땅이에요. 또 다른 북쪽에는 얼음으로 뒤덮인 알래스카가 있지요. 원래 러시아의 땅이었는데 러시아가 쓸모없는 땅인 줄 알고 1867년 미국에 팔아넘긴 거예요. 그런데 석유가 나와 귀한 땅이 되었지요.

북아메리카의 중심에 있는 미국

미국은 북아메리카 중심 지역을 차지하고 있어요. 17~18세기에 영국의 식민지였던 13개 주가 독립하면서 생겨난 나라예요. 처음에는 13개 주였는데 계속 분리 독립해 현재는 50개 주가 연합해 만들어진 연방 공화국이에요. 연방 공화국이란 스스로 다스릴 수 있는 자치권을 가진 여러 정부가 합쳐져 하나의 국가를 구성한 형태를 말해요.

미국의 영토는 한반도의 약 50배예요. 미국에는 주로 온대 기후가 나타나 사람이 살기에 적당한 기후지요. 영국인들이 건너와 살게 된 동부 해안가와 오대호★ 주변, 그리고 태평양 주변에 주요 도시들이 발달해 있어요. 넓은 평야가 펼쳐져 있어 살아가기 좋은 지역이지요. 그에 비해 사막과 고원이 펼쳐진 중서부 지역은 인구가 별로 없어요.

★**오대호** 미국과 캐나다의 국경에 걸쳐 있는 다섯 개의 호수로, 북아메리카의 주요 자원이에요.

울창한 숲과 깨끗한 호수가 펼쳐진 캐나다

캐나다는 세계에서 두 번째로 큰 나라예요. 넓은 땅에 비해 인구가 약 3,900만 명밖에 안 돼요. 서울에만도 천만 명 가까이 사는데 말이지요. 캐나다 남부 지역은 온대 기후이고 위로 올라갈수록 추운 냉대와 한대 기후가 나타나요. 눈과 얼음으로 뒤덮인 지역도 꽤 넓게 나타나고요. 그러다 보니 주요 도시들은 동남부 지역에 발달해 있어요.

캐나다는 서쪽에 로키산맥이 있고, 울창한 숲이 곳곳에 펼쳐져요. 3만 개 넘는 빙하가 만든 맑고 깨끗한 호수도 있어요. 울창한 침엽수 숲이 발달해 있다 보니 자연스럽게 종이 원료를 만드는 펄프 산업이 발달했어요. 그 밖에도 석유와 천연가스 등의 천연자원이 묻혀 있고요. 캐나다의 이런 웅장한 대자연은 세계인들의 사랑과 부러움을 받고 있지요.

에스파냐의 식민지였던 멕시코

멕시코는 미국 아래에 위치해 있어요. 고대 마야 문명이 발생한 지역으로 그 뒤로 아즈텍 문명도 발달했어요. 하지만 아즈텍 문명을 일으킨 아스테카 제국은 에스파냐의 에르난 코르테스가 거느린 군대의 침입을 받아 1521년에 멸망하고 에스파냐의 식민지가 되었어요. 그러면서 찬란했던 문화도 순식간에 모두 파괴되었지요.

멕시코 땅은 삼각형 모양이에요. 북쪽은 사막이고, 남쪽은 숲이 우거져 있지요. 멕시코는 대대로 농업이 발달했어요. 특히 '치남파스'라는 농업 기술을 이용해 농사를 지었지요. 치남파스란 늪에 말뚝을 박고 그 안에 진흙과 풀을 쌓아 밭을 만들어 농사를 짓는 거예요. 한마디로 호수에 떠 있는 농장이지요. 기름진 땅에서 일 년 내내 농사를 지을 수 있어요. 그곳에서 생산된 친환경적인 농산물들은 주변 도시로 팔려 나갔답니다.

세계 지리 배움터

맛있는 세계 음식 여행

세계 여러 지역 사람들은 어떤 음식을 먹고 살까요? 음식은 그 나라의 기후와 자연환경 등에 따라 달라지지요. 한국과 일본은 쌀농사를 짓기 적당한 기후에 평야가 발달해 있어 밥을 주로 먹어요. 미국과 유럽은 밀로 만든 빵이 주식이고요. 남아메리카 지역에서는 감자를 이용해 만든 음식을 많이 먹지요.

딤섬

다른 나라의 음식 중 우리나라 사람들이 즐겨 먹는 음식을 살펴볼까요? 어린이들이 좋아하는 스파게티와 피자의 고향은 바로 이탈리아예요. 쌀국수는 베트남을 대표하는 음식이고요. 인도 하면 카레, 일본 하면 초밥이 떠오르지요. 튀르키예의 케밥, 중국의 딤섬도 먹고 싶다고요? 독일의 소시지와 스위스의 치즈도 아주 오래전부터 즐겨 온 친근한 음식이지요.

초밥

케밥

자원이 풍부한 남아메리카

지구의 허파, 아마존 밀림

남아메리카 넓은 평원을 가로질러 구불구불 흐르는 강이 하나 있어요. 바로 아마존강이에요. 브라질, 페루 등 여러 나라에 걸쳐 흘러요. 적도 부근이라 일 년 내내 덥고 비가 많이 내려 아마존강 주위로 세계에서 가장 넓은 열대 우림이 만들어졌어요. 바로 아마존 밀림이지요. 면적이 한반도의 30배가 넘어요. 수십만 종이 넘는 희귀한 동식물이 살고, 산소를 뿜어내며 지구의 허파 역할을 하지요.

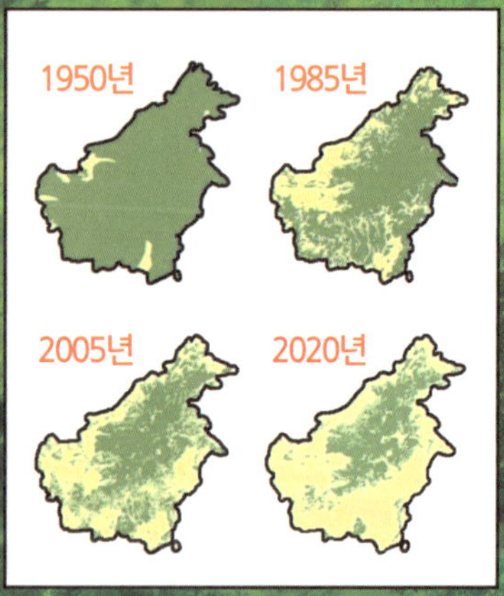

그런데 꽤 오래전부터 아마존 밀림이 파괴되어 왔어요. 사람들은 도로를 낸다며 나무를 베어 내고, 밀림을 태워 소를 기를 목초지로 만들고, 공장과 댐을 지었지요. 그 때문에 한 해에 서울 면적의 8배가 넘는 밀림이 파괴되었어요. 댐이 건설되면서 물고기들이 떼죽음을 당하고, 아마존 밀림에서 살아온 원주민도 터전에서 쫓겨날 위기에 처했어요. 최근 아마존 밀림의 파괴가 더욱 빠르게 진행되면서 아마존 밀림을 볼 수 있는 것은 지금 세대가 마지막이 될지도 모른다는 경고가 나오기도 해요.

남아메리카 곳곳에 농장이 발달한 이유

커피, 사탕수수, 밀과 옥수수 등 남아메리카에서는 열대 기후에서 잘 자라는 작물들이 많이 생산되었어요. 작물들이 잘 자라는 기후와 자연환경 때문이기도 했지만 또 다른 이유가 있었어요. 바로 유럽인들의 식민 지배 때문이었지요. 유럽인들은 남아메리카 곳곳에 집단 농장을 만들었어요.
이를 '플랜테이션 농장'이라고 해요.

유럽인들은 원주민과 아프리카에서 들여온 노예 등 값싼 노동력을 이용해 대규모의 농사를 지었어요. 사탕수수, 커피, 목화 등 내다 팔 수 있는 상품 작물을 많이 재배했어요. 지하자원도 모두 유럽으로 가져갔지요. 유럽 사람들에게 점령당한 남아메리카 사람들은 농산물과 노동력은 싸게 제공하고, 유럽에서 만든 공업 제품은 비싼 값에 사야 하니 가난할 수밖에 없었어요.

높은 안데스 산지에 자리한 도시들

남아메리카 서쪽에는 높은 안데스산맥이 뻗어 있어요. 이곳에는 해발 3,000미터가량의 높은 산지에 자리하고 있는 도시들이 많아요. 에콰도르의 수도 키토, 콜롬비아의 수도 보고타, 볼리비아의 수도 라파스 등이지요. 왜 이렇게 높은 산지에 도시가 만들어진 걸까요? 바로 기후 때문이에요. 적도 근처라 일 년 내내 더우니 서늘한 높은 지역에 사람들이 모여 살기 시작했고, 그렇게 도시가 만들어진 것이지요.

이런 도시를 '고산 도시'라고 해요. 안데스 산지에는 산 위로 올라갈수록 기온이 점점 낮아지는 고산 기후가 나타나요. 일 년 내내 봄과 같이 온화한 기후로 사람들이 살기 적당하고 쾌적해요. 그렇지만 이곳을 여행할 때는 고산병을 조심해야 해요. 산소가 부족해 숨이 가쁘고, 머리가 아프며 구토가 나기도 하거든요.

잉카 문명의 흔적 마추픽추

유럽인들이 남아메리카에 건너오기 전 이곳에서는 마야 문명, 잉카 문명 등 찬란한 문명이 꽃피었지요. 안데스 산지에서 15~16세기에 발달했던 잉카 제국은 황제가 나라를 다스렸고 태양신을 섬겼어요. 잉카 제국의 수도였던 페루의 옛 도시 쿠스코는 약 3,300미터에 있는 고산 도시예요.

그들은 계단식 밭을 만들어 옥수수와 감자 등을 재배하고, 도시를 계획해 도로를 만들고, 다양한 건축물도 지었어요. 쿠스코와 쌍벽을 이루는 마추픽추는 잉카 제국이 건설한 신비한 도시예요. 깊고 깊은 산꼭대기에 자리 잡은 곳으로 마치 신이 만든 비밀 도시 같아요. 궁전과 신전, 학교 등 여러 가지 시설을 갖춘 도시의 흔적은 번성했던 잉카 제국의 모습을 보여 주지요. 하지만 잉카 제국은 1533년, 에스파냐의 탐험가 피사로에 의해 정복당하며 멸망했고 역사 속으로 사라졌답니다.

유럽 문화가 전해져 독특한 문화가 만들어졌어요

남아메리카에 유럽인들이 건너오면서 자연스레 유럽 문화가 전해졌어요. 남아메리카 대부분이 에스파냐어를 사용하게 되었고, 포르투갈 식민지였던 브라질만 포르투갈어를 사용했어요. 유럽의 종교인 가톨릭도 함께 전해져 많은 사람이 믿게 되었지요.

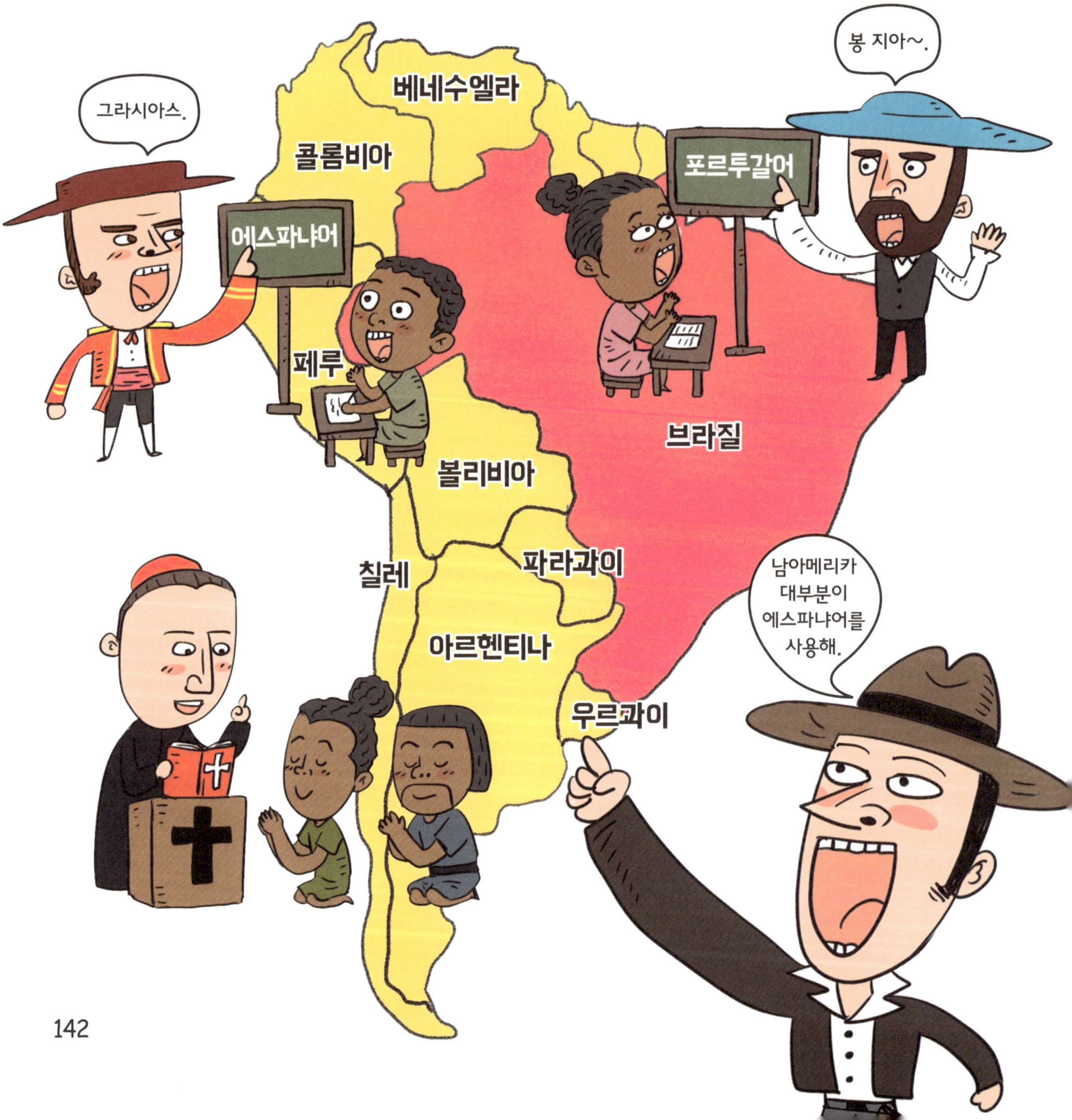

유럽인과 흑인들이 건너와 원주민들과 결합하면서 다양한 인종이 생겨나고 새로운 문화가 만들어졌어요. 흑인과 원주민, 흑인과 백인, 백인과 원주민이 결합하여 다양한 인종이 생겨난 거예요. 하지만 시간이 흐르면서 인종들끼리 섞이고 섞여 지금은 구별이 잘 안 돼요.

하늘 아래 첫 호수 티티카카호

세계에서 가장 높은 곳에 있는 호수를 아세요? 바로 안데스 산지에 있는 티티카카호예요. 약 3,800미터 높이에 있는 호수로 우리나라의 충청북도와 맞먹는 크기지요. 이 호수에 있는 가장 큰 섬이 태양섬이에요. 이곳에 전해 오는 이야기에 의하면 우주가 탄생했을 때 티티카카호가 가장 먼저 만들어졌대요. 그리고 태양신의 아들이 내려와 잉카 제국을 세웠다고 해요.

이 호수에는 마을도 집도 모두 갈대로 만든 신비한 섬이 있어요. 바로 '우로스섬'이에요. '토토라'라는 갈대를 겹쳐 쌓아 만든 섬인데, 물에 잠긴 갈대가 썩으면 그 위에 또 갈대를 얹어 쌓았어요.

티티카카호 주변에 살던 우로족이 누군가의 침입을 받고 도망와 우로스섬을 만들어 살기 시작했다고 전해요. 지금도 우로족의 후손들은 불편함을 참고 전통을 지키며 살고 있지요.

삼바의 나라 브라질

남아메리카 대륙에서 가장 큰 나라는 브라질이에요. 남아메리카 대륙의 나라들이 대부분 에스파냐어를 사용하는데 유일하게 포르투갈어를 사용해요. 포르투갈의 식민지였기 때문이지요. 국토가 남북으로 넓게 펼쳐져 있어 열대 기후부터 온대 기후까지 다양하게 나타나요. 브라질에서는 해마다 삼바 축제가 열려요.

화려한 옷을 입고 거리 행진을 하며 흥겨운 리듬에 맞춰 춤을 추지요. 그런데 이 흥겨운 삼바에는 슬픈 사연이 담겨 있어요. 아프리카에서 끌려온 흑인 노예들이 온종일 고된 노동에 시달리다 밤이 되면 고향에 대한 그리움에 아프리카 전통 춤을 추던 것에서 유래했거든요. 이후 아프리카의 전통 춤과 브라질 원주민들의 전통이 어우러지면서 삼바 축제가 탄생한 거랍니다.

길고 좁은 나라 칠레

칠레 하면 길쭉한 모양이 떠올라요. 남아메리카 남서부에 위치해 있으면서 남북으로 좁고 긴 특이한 형태의 나라예요. 남북의 길이가 4,000킬로미터가 넘어요. 국토의 북쪽에는 사막이 있고 남쪽에는 빙하가 있어요. 동쪽으로 뻗어 있는 안데스산맥과 서쪽으로 태평양 해안이 펼쳐져 아름다운 자연을 볼 수 있어요.

칠레는 환태평양 지진대에 있는 나라여서 일본이나 필리핀처럼 지진이 자주 일어난답니다. 특히 칠레는 구리 생산량이 전 세계 1위로, 세계에서 구리가 가장 많이 묻혀 있는 나라예요. 풍부한 지하자원은 여러 나라로 수출되지요. 남아메리카는 풍부한 지하자원을 이용해 공업을 발전시키기 위한 노력을 기울이고 있답니다.

세계 지리 배움터

세계인이 꿈꾸는 생태 도시 쿠리치바

여러분은 어떤 곳에서 살고 싶나요? 곳곳에 공원이 있어 언제든 산책을 즐길 수 있고, 맑고 푸른 하늘을 볼 수 있는 그런 도시는 어때요? 자연 속에서 마음껏 뛰어노는 동물들도 있고요. 그런 도시가 어디 있냐고요? 바로 브라질의 쿠리치바예요.

세계가 부러워하는 도시 쿠리치바는 거대한 숲속에 묻혀 있어요. 원래 이 도시는 환경 오염이 심각했었는데, 1971년부터 친환경 생태 도시를 만들기 위해 다양한 일들을 했지요. 승강장에서 미리 요금을 내게 하고, 출입문이 5개나 되는 굴절 버스를 운행해 승하차 시간을 줄여 엔진이 불필요하게 돌지 않아 이산화탄소 양을 줄일 수 있었지요. 자전거 도로도 만들고, 건물을 지을 때에는 공간을 미리 정해 놓고 나무를 심게 했어요. 곳곳에 공원을 만들고, 공원에서는 각종 동물들이 살 수 있게 했지요. 20여 년에 걸친 이런 노력 덕분에 쿠리치바는 꿈의 녹색 도시로 변화했어요.

세계 지리 놀이터

독특한 문화를 뽐내는 아메리카 대륙을 살펴봤어요. 그중 정열의 나라 브라질에서는 해마다 삼바 축제가 열려요. 그 장면 속에 숨어 있는 그림을 다섯 개 찾아보아요.

(숨은 그림: 만년필, 달팽이, 물고기, 바나나, 나비)

드디어 우리의 마지막 여행지군요. 이제 아프리카 대륙과 오세아니아, 극지방을 둘러볼 거예요. 사막과 초원이 펼쳐지고 각종 야생 동물이 사는 아프리카, 넓은 들판에 캥거루가 뛰노는 오스트레일리아와 자연의 신비로움을 느낄 수 있는 뉴질랜드가 속한 오세아니아, 빙하로 덮인 북극과 남극. 이번엔 또 어떤 흥미진진한 이야기들이 펼쳐질까요?

아프리카 그리고 오세아니아, 북극과 남극

궁금해요! 아프리카와 오세아니아, 극지방

뚜벅뚜벅 아프리카를 둘러보아요

아프리카는 우리가 생각하는 것보다 훨씬 더 많은 매력을 품고 있는 대륙이에요. 이집트, 남아프리카 공화국, 가나, 에티오피아, 알제리 등이 아프리카에 있는 대표적인 나라예요. 유럽의 식민지였던 아프리카 국가들은 제2차 세계 대전 이후 독립했어요. 그때 유럽 국가들이 자기들 맘대로 지도를 놓고 경계를 그어 버린 거예요. 그러다 보니 오랫동안 함께해 온 부족들이 나뉘거나 여러 부족들의 문화가 뒤섞이게 되었답니다.

대륙의 중심이 적도 부근에 위치한 아프리카는 적도를 중심으로 대칭적인 기후가 나타나요. 적도 부근에는 일 년 내내 덥고 비가 많이 오는 열대 우림 기후예요. 그 주변에는 비가 많이 오는 날과 오지 않는 날이 뚜렷한 사바나 기후가 나타나 열대 초원이 펼쳐지지요. 사하라 사막은 비가 거의 오지 않는 건조 기후예요. 아프리카 남쪽과 지중해 부근은 온대 기후로 사람이 살기 좋아요. 북아프리카 지중해 부근에는 지중해성 기후로 오렌지, 올리브, 코르크 같은 농작물을 재배하지요.

하산 2세 모스크
노트르담 아프리카 성당
리비아
이집트
말리
알제리
소수 민족 가면
니제르
차드
수단
나이지리아
가나
에티오피아
남수단
콩고 민주 공화국
케냐
신비로운 아프리카로 놀러 와.
잉가 폭포
앙골라
바오바브나무
마다가스카르
개코원숭이
남아프리카 공화국

나일강의 선물, 이집트

4대 문명 중 하나인 이집트 문명이 탄생한 곳이 바로 나일강 유역이에요. 흔히 이집트를 나일강의 선물이라고 불러요. 이집트는 건조한 지역인데 주기적으로 홍수가 나, 강물이 넘쳐 주변 땅이 기름진 땅으로 변했지요. 댐을 만들어 전기를 일으키기도 했고요. 지중해로 흐르는 나일강 하류에 넓고 기름진 땅인 넓디넓은 삼각주가 만들어졌어요. 강물에 떠내려온 흙과 모래가 쌓여 만들어진 평야지요.

그곳에서 보리와 옥수수, 포도, 대추야자 같은 농작물을 길러 내며 풍족한 생활을 할 수 있었고 문명이 발달한 거예요. 이집트 인구의 대부분이 이곳 삼각주 지역에 모여 살아요.

이집트 하면 빼놓을 수 없는 것이 다양한 문화유산이지요. 4천여 년 전에 만들어진 고대 왕들의 무덤인 피라미드는 지금도 불가사의한 유적으로 손꼽혀요. 지금도 나일강 주변에 많은 피라미드가 남아 있어요.

아프리카 속의 유럽, 남아프리카 공화국

아프리카 대륙 남쪽 끝에 있는 남아프리카 공화국은 아프리카에서 잘사는 나라에 속해요. 항구 도시인 케이프타운은 마치 유럽의 도시 같아요. 유럽인들이 새로운 대륙과 항로를 개척하기 위해 이곳저곳을 항해하던 시대에 그들이 거쳐 갔던 곳이지요. 그러면서 유럽 문화가 전해지고 유럽풍의 도시가 만들어진 거예요.

아프리카 남서쪽에는 희망봉이라는 곳이 있어요. 이곳은 포르투갈 탐험가인 바르톨로뮤 디아스가 아프리카 남부를 원정하다 발견한 곳이지요. 또 케이프타운에는 산꼭대기가 편평하고 넓은 테이블 마운틴이 있어요. 원래는 바다 밑에 있었는데, 빙하가 지나가며 깎여져 평평해졌고 그 뒤에 높이 솟아올라 산이 된 거랍니다.

세계 지리 배움터

신비의 섬, 마다가스카르

아프리카 남동쪽 인도양에 마다가스카르라는 섬나라가 있어요. 한반도의 3배 가까이 되는 면적을 자랑하며, 세계에서 네 번째로 큰 섬이에요. 이 섬에는 하늘을 향해 가지를 뻗은 바오바브나무가 자라요. 〈어린 왕자〉에 나오는 나무 말이에요. 여우원숭이 등 100여 종의 희귀 동물들도 살고 있어 마치 동화 속 신비의 섬 같아요.

원래 마다가스카르는 아프리카 대륙과 연결되어 있었어요. 수십만 년 전, 지각 운동 때문에 떨어져 나왔지요. 그러면서 이 섬에서만 사는 희귀한 동식물이 많이 생겼어요.

한편 이 섬은 아프리카 속의 아시아예요. 아프리카의 흑인이 아닌 동남아시아인과 비슷한 사람들이 쌀농사를 지으며 살고 있거든요. 2천여 년 전 인도네시아에 살던 사람들이 배를 타고 와 살기 시작했고, 그 후손들이 살고 있는 거랍니다.

태평양의 섬들로 이루어진 오세아니아

오세아니아에는 섬이 많아요

오세아니아는 오스트레일리아와 뉴질랜드, 그리고 1만여 개의 작은 섬들로 이루어진 대륙이에요.

오스트레일리아와 뉴질랜드는 처음 이 대륙을 발견한 유럽 사람들을 비롯해 외국 사람들이 많이 살고 있어요. 오스트레일리아와 뉴질랜드를 제외한 대부분의 섬나라에서는 원주민들이 수렵과 채집 생활을 하면서 자신들의 전통과 문화를 지키며 살고 있지요. 대부분의 섬이 적도 근처에 자리하고 있어 열대 기후에 해당해요.

오스트레일리아 해안가에 모여 있는 도시들

오스트레일리아는 영국의 식민지였다가 독립한 나라예요. 영국 죄수들이 이곳으로 보내져 한때 '죄수들의 섬'이라 불렸어요. 마치 하나의 대륙처럼 넓은 나라이지요. 모든 게 크고 넓으니 이동이 쉽지 않아요. 이웃집도 비행기 타고 간다는 말이 나올 정도예요. 사람들은 대부분 동남부 지역 해안가에 모여 살아요. 주요 도시들도 모두 동남부 해안가에 위치해 있지요. 기후가 온화해 사람이 살기에 적당하거든요. 대륙의 서부와 중부는 사막이 넓게 펼쳐져 사람들이 살기 어렵지요. 북동부 해안에는 세계 최대의 산호초 지대가 펼쳐져 있어요. 바다에는 다양한 바다 생물들이 살고요. 이런 아름다운 광경을 보기 위해 수많은 관광객이 찾아온답니다.

오스트레일리아는 이민자의 천국이라 불려.
호주산 양털은 세계적으로 유명해.
지구의 배꼽이라 불리는 울루루
시드니 오페라 하우스
브리즈번
시드니
캔버라
멜버른

넓은 들판에서 소와 양이 뛰어놀아요

오스트레일리아를 여행하다 보면 넓은 들판에서 소와 양들이 풀을 뜯고 있는 모습을 쉽게 볼 수 있어요. 세계에서 양을 가장 많이 기르는 나라예요. 그래서 양털, 양고기, 소고기 등이 이 나라의 주요 수출품이지요. 우리나라 마트에서도 호주산 소고기를 종종 볼 수 있어요. 캥거루와 코알라 같은 특이한 동물들도 있지요.

또한 넓은 들판에서 길러지는 밀을 전 세계로 수출해요. 철광석 등 지하자원도 많이 묻혀 있어 여러 나라로 수출하지요.
최근 지구 온난화로 가뭄과 고온이 계속되면서 오스트레일리아에 큰불이 났어요. 6개월 동안 꺼지지 않고 산과 초원 등을 태워 버릴 정도로 어마어마한 규모였지요. 이 비극적인 일로 8,000여 마리의 코알라들이 죽고 말았어요.

긴 흰 구름의 나라, 뉴질랜드

뉴질랜드는 울창한 숲과 푸른 풀밭, 눈이 시리도록 푸른 해안이 펼쳐져 영화 촬영지로 많은 선택을 받기도 했어요. 남태평양에 길게 뻗은 섬나라로 공기와 물이 깨끗하기로 유명하지요. 뉴질랜드는 세계 최대의 목장이라고 불리기도 하는데, 사람 수보다 훨씬 더 많은 양을 키울 정도예요.

뉴질랜드는 북섬과 남섬으로 이루어져 있어요. 북섬은 지형이 험하고 곳곳에 화산과 온천이 많아 '불의 섬'으로 불려요. 그에 비해 남섬은 눈과 빙하로 뒤덮인 산이 많아서 '얼음의 섬'으로 불리지요.

대부분의 사람들이 북섬에 살며 뉴질랜드에서 가장 큰 도시인 오클랜드도 북섬에 있어요. 바다와 바람의 영향을 받아 비교적 온난하고 습윤한 기후가 나타나는데 겨울과 여름의 기온 차가 거의 나지 않아요.

마오리족의 전통이 남아 있어요

뉴질랜드 북섬에는 원주민인 마오리족의 전통이 남아 있어요. 오세아니아 동북쪽 섬에 살던 그들은 아무도 살지 않던 뉴질랜드에 '카누'라는 배를 타고 이주해 와 살기 시작했어요. 이후 영국이 뉴질랜드를 식민지로 삼았어요. 마오리족은 영국과 조약을 맺고, 그들의 식민지가 되는 대신 자신들이 사는 땅을 인정받고 전통을 유지하며 살게 해 달라고 했지요. 그러나 조약의 해석이 서로 달라 잦은 분쟁이 일어났어요.

그러다 결국 전쟁이 일어났고 많은 마오리족 사람들이 땅을 잃고 빈곤에 시달려야 했어요. 시간이 흘러 현대의 뉴질랜드는 마오리족의 문화와 전통을 지키려 노력하고 있어요.

마오리족은 뜨거운 화산 지역에 적응해 자기들만의 삶의 방식을 마련했어요.

그들은 얼굴이나 몸에 색칠을 하고, 코를 비비며 독특하게 인사해요.

뉴질랜드에서 꼭 보아야 할 곳이 바로 북섬에 있는 유네스코 세계 자연유산인 통가리로 국립 공원이에요. 화산 활동으로 만들어진 호수, 강, 폭포 등이 무척이나 신비롭고 아름다워요.

세계 지리 배움터

바다에 잠기고 있는 투발루

남태평양에는 괌, 피지, 팔라우 등 아름다운 휴양지로 알려진 섬들이 많아요. 그런데 그곳에 눈물을 흘리고 있는 섬나라가 있어요. 작은 섬나라 중 하나인 투발루라는 섬이지요. 투발루가 지구 온난화로 바닷속에 잠길 위기에 처해 있거든요. 빙하가 녹아 바닷물이 점점 불어나면서 투발루에 어려움이 닥친 거예요.

투발루 국민들은 이제 살기 위해 고향 땅을 떠나 주변의 오스트레일리아나 뉴질랜드로 가야만 해요. 기후 난민★이 되는 셈이에요. 그나마 최근 들어 오스트레일리아가 매년 280명가량의 투발루 국민들을 받아 주겠다고 했어요. 투발루, 나아가 우리를 위해 할 수 있는 일은 무엇일까요? 전등 끄기, 에어컨 사용 줄이기 등을 실천해 지구 온난화를 막아야 해요. 비단 투발루 국민들뿐 아니라 우리도 기후 난민이 될 수 있다는 사실을 잊으면 안 돼요.

★**기후 난민** 가뭄이나 홍수, 지진 등 기상 변화로 곤경에 빠진 사람들을 말해요.

보존해야 할 북극과 남극

이누이트족이 사는 북극 지방

북극곰과 북극여우, 그리고 에스키모라고도 불리는 이누이트족이 사는 곳이 바로 북극이에요. 북극은 대륙이 아니라 바다 위에 얼음이 꽁꽁 얼어 있는 상태예요. 한 지점을 중심으로 그 주변 지역을 '북극권'이라고 해요. 유럽, 아시아, 북아메리카 대륙에 둘러싸여 있지요. 시베리아, 그린란드, 아이슬란드, 캐나다 북부, 알래스카 지역이 북극권에 속해요. 일 년 내내 얼음과 눈으로 덮여 식물이 잘 자랄 수 없는 곳이에요.

이누이트족은 얼음집인 이글루를 짓고 살았어요. 하지만 요즘에는 현대식 건물에서 살고 이글루는 주로 멀리 사냥 나갔을 때 잠깐 지어 살지요. 그들은 물고기, 바다표범 등을 잡아먹고 살아요.

우리나라는 2002년 북극에 다산 과학 기지를 건설해 연구 활동을 벌이고 있어요. 그곳에서는 하루 종일 해가 지지 않는 '백야 현상'이 나타나기도 해요.

지구에서 가장 추운 남극 대륙

남극은 북극과 달리 아주 두꺼운 얼음으로 뒤덮인 넓은 땅이에요. 지구에서 가장 추운 곳이지요. 평균 기온이 영하 20~40도인데, 지구 온난화로 올라가고 있어요. 가장 추울 때는 영하 89.2도까지 내려간 적도 있고요. 여름에도 여전히 추워 빙하가 녹지 않고 바람도 강하게 불곤 하지요. 너무 춥다 보니 북극과 달리 머물러 사는 사람이 없어요. 펭귄, 바다표범, 고래 등이 남극을 지키며 살아요.

남극은 북극과 달리 특정 국가에 속해 있지 않고 여러 나라가 관리하지요. 전 세계의 과학 기지들이 들어서 있어 탐구 활동을 해요. 우리나라도 1988년부터 세종 과학 기지를 두고 연구 활동을 벌이고 있어요. 그런데 최근 지구 온난화로 남극은 기온이 영하 11.5도까지 치솟았다고 해요. 북극과 남극의 빙하가 빠른 속도로 녹고 있어요.

세계 지리 배움터

우리가 지켜야 할 지구

지구가 환경 파괴로 병들어 가고 있다는 것은 모두 알지요? 산업이 발전할수록 공장의 굴뚝, 자동차 등이 많은 양의 이산화탄소 등을 뱉어 내면서 이상 기후가 나타난 거예요. 지구 온난화로 세계 곳곳에서 홍수, 가뭄, 태풍 등 자연재해가 점점 늘어나고 있어요. 또 개발이란 이름으로 울창한 숲이 마구 파괴되고 있지요. 우리가 만들어 내는 이산화탄소의 흔적을 '탄소 발자국'이라고 해요.

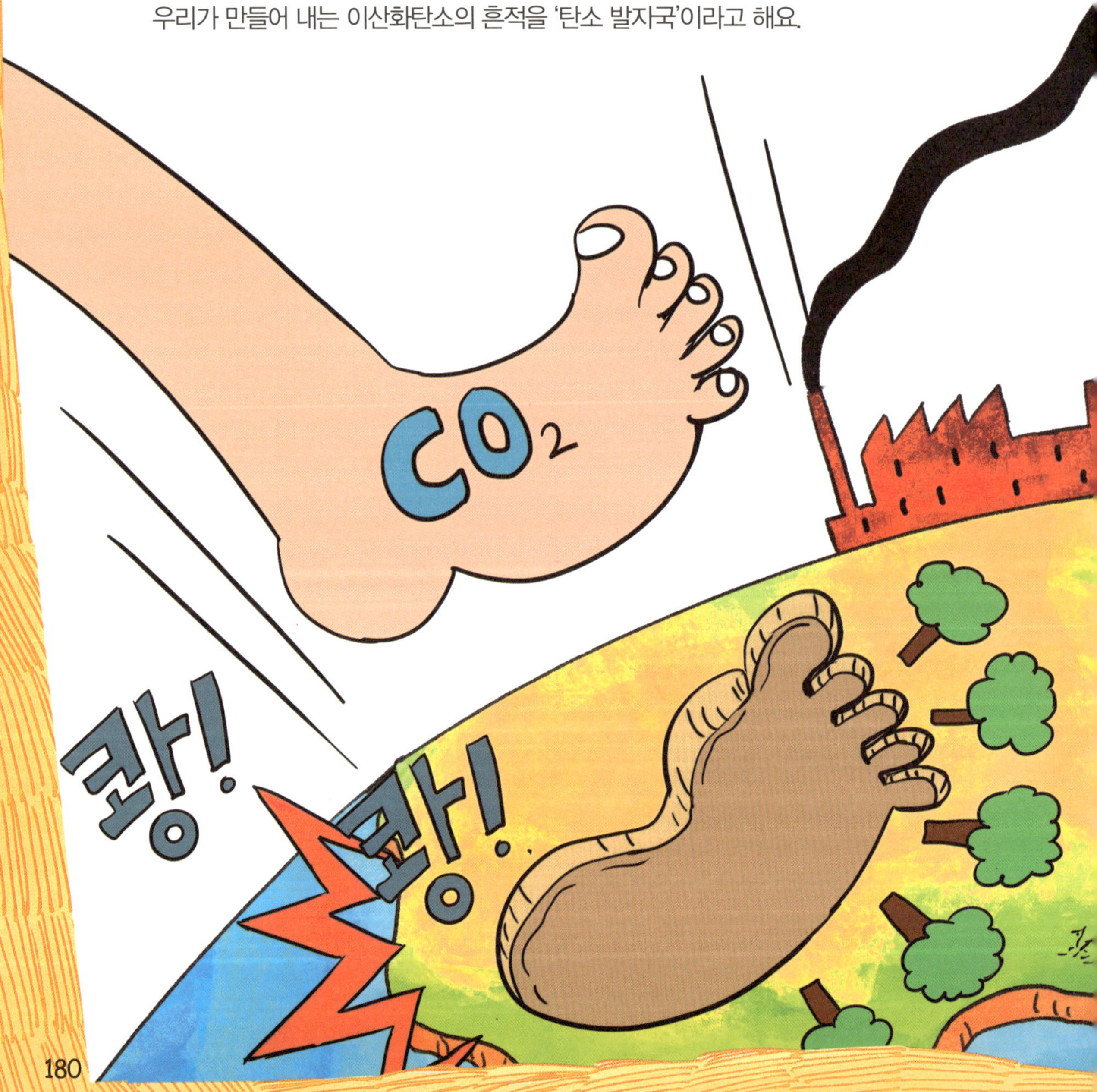

탄소 발자국이 많아질수록 지구는 점점 병들지요. 무엇보다 탄소 발자국을 줄여 지구 온난화를 막아야 해요. 지구 온난화의 주범인 온실가스, 즉 이산화탄소를 발생시키는 것을 막기 위해 유엔★에서는 1992년 브라질에서 '기후 변화 협약'을 맺었어요. 지구 온난화를 막아 지구를 지키기 위한 전 세계인의 약속이에요. 지구 환경을 보호하려는 여러 가지 노력이 있어야만 시름시름 앓고 있는 지구를 되살릴 수 있을 거예요.

★**유엔** 1945년에 세워진 국제 평화 기구로, UN이라고도 해요.

세계 지리 놀이터

지구 온난화로 북극과 남극의 빙하가 빠른 속도로 녹고 있어요. 우리가 보존해야 할 북극과 남극을 위해 탄소 발자국을 지워 가며 미로를 탈출해요.

CO2
도착!
탄소 발자국을
줄이도록
노력해요.
남극

세계 지리 놀이터

정답

▼ 66~67쪽

▼ 114~115쪽

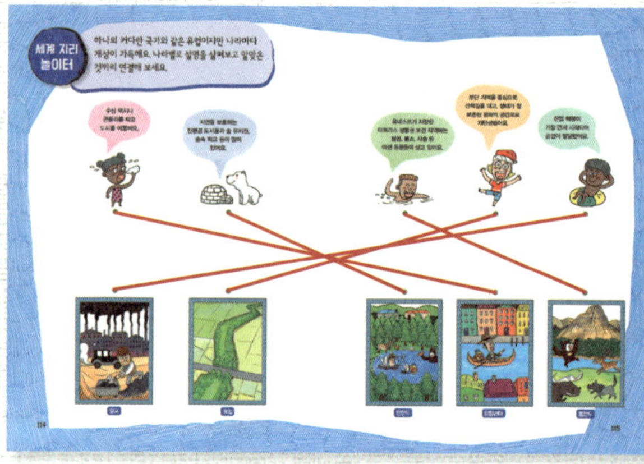

▼ 152~153쪽

▼ 182~183쪽